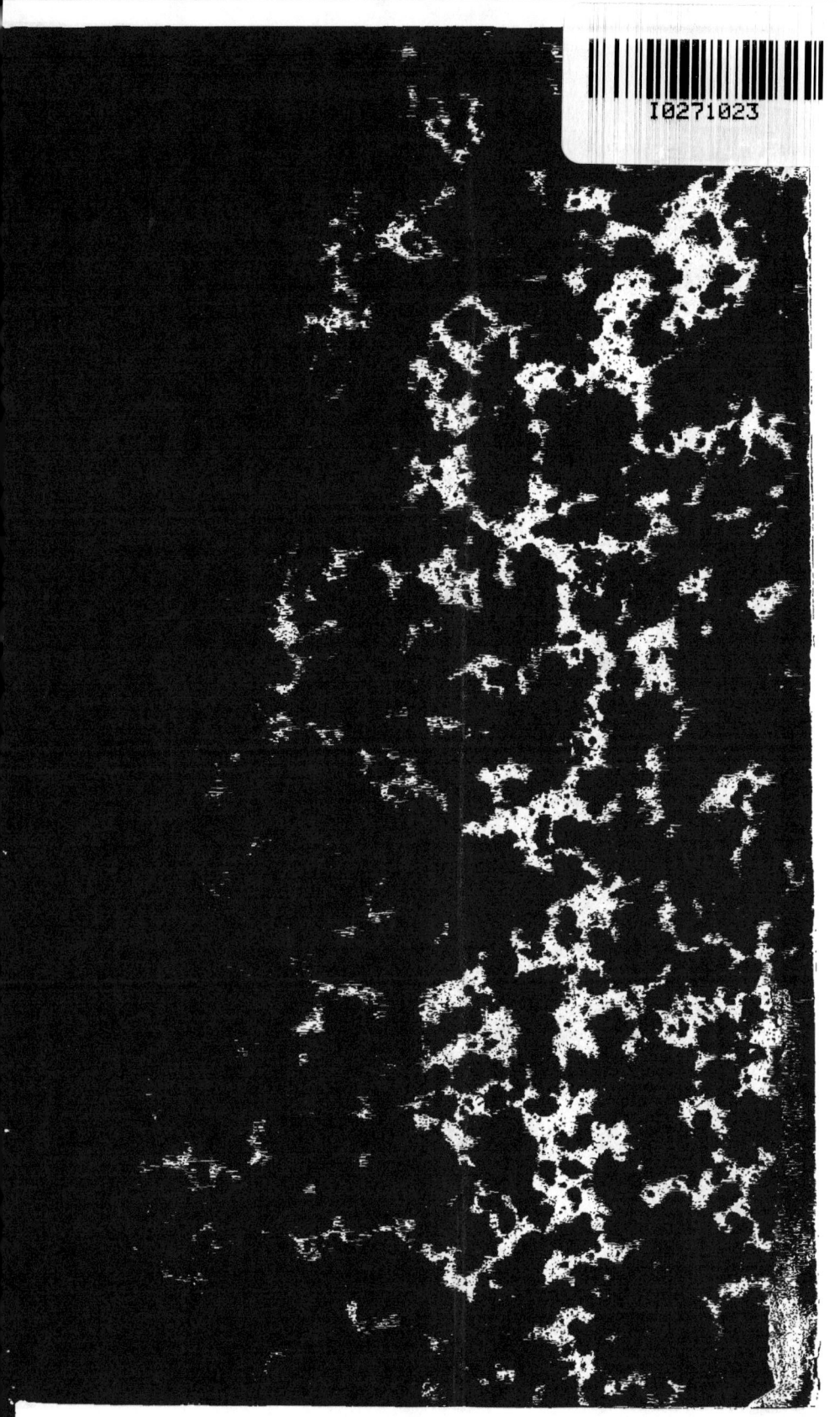

HISTOIRE

CHRONOLOGIQUE

DES

VOYAGES

VERS LE POLE ARCTIQUE.

HISTOIRE CHRONOLOGIQUE
DE
VOYAGES AU NORD.

PREMIÈRE PARTIE.
Découvertes faites dans la mer du Nord jusqu'à la fin du 15.ᵉ siècle.

CHAPITRE I.ᵉʳ
ANCIENS SCANDINAVES.

Navigation des anciens Scandinaves.— Découverte de l'Islande. — Découverte du Groënland. — Voyage d'Heriolf.— Colonies établies dans le Groënland.— Leur état florissant au commencement du quinzième siècle.— Incertitude sur ce qu'est devenue la colonie établie sur la côte orientale.

Les expéditions des anciens pirates scandinaves répandirent, par leurs ravages destructeurs, la terreur et la désolation parmi toutes les nations maritimes. « On ne peut, dit M. Mallet (1), lire l'histoire des 8e, 9e et 10e siècles, sans y voir partout avec surprise les mers couvertes de leurs vaisseaux, et, d'une extrémité de l'Europe à l'autre, les côtes des pays aujourd'hui les plus puissans, en proie à leurs déprédations. Pendant deux cents ans, ils dévastèrent presque continuellement l'Angleterre, et la soumirent plusieurs fois: ils firent de fréquentes incursions en Ecosse et en Irlande, sur les côtes de Livonie, de Courlande, et de Poméranie. Ils s'étendirent bientôt, comme une flamme dévorante, sur la Basse-Saxe, la Frise, la Hollande, la Flandre, les bords du Rhin jusqu'à Mayence. Ils pénétrèrent dans le cœur de la France, après en avoir long-temps dévasté les côtes: ils remontèrent de tous côtés par la Somme, la Seine, la Loire, la Garonne, le Rhône. Dans l'espace de trente ans, ils y pillèrent ou brûlèrent plusieurs

---

(1) Introduction à l'histoire de Danemarck; T. I, p. 207, édition de 1787.

fois Paris, Amiens, Orléans, Poitiers, Bordeaux, Toulouse, Saintes, Angoulême, Nantes, Tours. Ils s'établirent dans l'île de la Camargue, à l'embouchure du Rhône, d'où ils désolèrent la Provence et le Dauphiné jusques à Valence. Ils ruinèrent, en un mot, la France; obligèrent ses rois à leur payer d'immenses tributs; livrèrent aux flammes le palais de Chalemagne à Aix-la-Chapelle, et finirent par se faire céder une des plus belles provinces de ce royaume. Il ajoute, et l'on voudrait que cela fût vrai, que ces brigands entreprenans, animés quelquefois d'un esprit plus pacifique, transportaient des colonies dans des pays inconnus ou inhabités, comme s'ils eussent voulu réparer dans de nouvelles terres les pertes immenses que leurs fureurs causaient ailleurs au genre humain. »

En 861, un de ces pirates, qui faisait voile vers les îles Féroer, fut jeté très-loin à l'occident, par un vent d'est qui dura plusieurs jours. Il découvrit une île entièrement inconnue, et à laquelle, d'après la grande quantité de neige qu'il vit sur les montagnes, il donna le nom de *Snœ-land*, ou pays de neige. Trois ans après son retour, un Suédois, nommé Gardar Suaffarson, entreprit de reconnaître cette île, et fut assez heureux pour la trouver. Après y avoir passé l'hiver, il retourna dans sa patrie l'année suivante, et fit une description si attrayante de l'abondance de ses bois et de la fertilité de son sol, qu'un nommé Flocke ou Flokko résolut de tenter fortune à Snœ-land. La boussole était alors inconnue ; et, comme l'atmosphère des contrées du nord est souvent chargée de brumes épaisses qui cachent le soleil pendant plusieurs jours de suite, Flokko, par précaution, prit avec lui un corbeau, ou même quatre, suivant quelques auteurs. Nouveau Noé, son dessein était de les lâcher au milieu de l'Océan, et de guider sa course sur leur vol. Le premier qu'il fit partir retourna, dit-on, vers le pays qu'il avait quitté ; mais le second s'étant dirigé vers l'ouest, Flokko gouverna du même côté, et trouva bientot la terre qu'il cherchait. Il passa aussi l'hiver dans cette île ; et, à son retour dans sa patrie, il en fit un tableau moins séduisant que celui que Gardar en avait tracé. La rigueur de l'hiver ayant rempli d'une immense quantité de glaces toutes les baies du nord de l'île, il en changea le nom en celui d'Islande (*Is-land* terre de glace) qu'elle a conservé depuis ce temps.

Quelques-uns de ses compagnons la représentèrent pourtant comme un pays agréable et fertile ; mais il paraît qu'on ne fit aucune tentative pour y former un établissement régulier avant l'année 874. A cette époque, Ingolf et son ami Leif ou Hiorleif, mécontens du gouvernement arbitraire de Harald aux beaux cheveux, roi de Norvège, résolurent d'abandonner leur patrie, de s'exiler volontairement et de chercher un asile en Islande. En approchant de cette île, Ingolf, se conformant à une ancienne superstition de son pays, jeta à la mer une porte de bois, afin de faire son débarquement sur la partie de la côte vers laquelle la volonté des dieux la ferait flotter. Mais le courant l'ayant entraîné hors de sa vue, il prit terre dans un golfe situé au milieu de l'île, et qui porte encore son nom (1).

La nouvelle de leur arrivée étant parvenue en Norvège, un grand nombre de familles, leurs amis et leurs domestiques emportant leurs bestiaux, leur mobilier, et leurs instrumens aratoires, s'embarquèrent pour cette nouvelle colonie, dans le dessein de s'y fixer. Les annales d'Islande rapportent, comme un fait dont l'authenticité a été rarement révoquée en doute, que ces premiers colons norvégiens jugèrent que cette île avait été habitée avant leur arrivée; car ils trouvèrent, près du rivage, des croix de bois, des sonnettes, et même des livres, comme on en avait alors en Irlande et dans la Grande-Bretagne. A la vérité, l'Irlande est si peu éloignée, que, probablement, des pêcheurs de ce pays avaient été poussés par les vents en Islande, et y avaient laissé des traces du christianisme (2); ou, comme Forster le

(1) Arngrim Jonas. Chrymogæa.
(2) Hist. de Danemarck, T. I, p. 230.

suppose, des pirates normands, chargés de butin, après avoir pillé l'Irlande, avaient dirigé leur course vers l'occident, et y avaient laissé ces différens objets (1).

Vers la fin du dixième siècle, un nommé Thorvald, obligé de fuir à cause d'un meurtre qu'il avait commis, partit pour l'Islande. Son fils, Eric Rauda, ou Eric Tête-Rousse, s'étant aussi rendu coupable de meurtre et d'autres crimes, ne tarda pas à l'y suivre. En 982, il fit une expédition à l'ouest, et découvrit la côte orientale du Groënland, nommée Heriolf's Nes; puis se dirigeant vers le sud, il entra dans une baie qui fut nommée, d'après lui, Eric's Fiord (2) Il passa l'hiver dans une île agréable de cette baie, reconnut la côte l'année suivante, et retourna en Islande la troisième année. Il fit une description si séduisante de ce nouveau pays, de sa belle verdure, de ses riches prairies, de l'abon-dance des excellens poissons qu'on pêchait

(1) Voyages au nord, par Forster, T. I, p. 85.
(2) Torfeur, Groënl. ann.

sur ses côtes, qu'il détermina un grand nombre d'aventuriers à l'y suivre. Il nommait ce pays Groënland (terre verte).

Tel est le récit que fait de cette découverte l'historien du nord, l'Islandais Snorro Sturleson. Mais Torfæus et quelques autres prétendent que ce pays, de même que l'Islande, était connu avant l'époque dont nous venons de parler; ils appuient principalement cette opinion sur le privilége accordé à l'église d'Hambourg, en 834, par Louis-le-Débonnaire, et sur une bulle du pape Grégoire IV, octroyant à l'archevêque Ansgaire la permission de convertir les Suédois, les Danois, les Esclavons, les *Islandais* et les *Groënlandais ;* mais on pense aujourd'hui que ces deux derniers noms ont été interpolés par l'église d'Hambourg, dans la vue de s'assurer des droits sur ces deux pays, et que, par une fraude pieuse, elle avait falsifié ces deux pièces. Quoi qu'il en soit, il paraît que l'Eglise n'en atteignit pas moins son but, les colonies norvégiennes ayant continué à payer aux évêques et au Saint-Siége, par forme de dîme et de deniers de S. Pierre, deux mille six cents livres pesant de dents de *Walross*, ou Morses.

Les Norvégiens et les Normands accoururent en foule en Islande, et bientôt un commerce régulier s'établit entre les colons et la mère-patrie. Vers l'an 1001, un de ces colons nommé Heriolf, et son fils Bioern, qui, tous les ans, trafiquaient par mer en divers pays, furent séparés par une tempête. Le navire de Bioern fut poussé en Norvège; il y apprit que son père était allé au Groënland : aussitôt il mit à la voile, en se dirigeant à l'ouest, dans l'espoir de le rejoindre; mais une nouvelle tempête le poussa au sud-ouest, et il découvrit un superbe pays couvert de bois.

Les détails qu'il donna sur cette nouvelle découverte à son retour en Islande, enflammèrent l'ambition de Leif, fils d'Eric, qui avait fondé la colonie sur la côte du Groënland. Il équipa sur-le-champ un bâtiment; et, prenant avec lui son ami Bioern, ils partirent ensemble pour chercher la terre nouvelle. En approchant de la côte, ils aperçurent une île stérile et couverte de rochers ; ils la nommèrent *Helleland*, ou pays d'enfer, et ils donnèrent le nom de *Markland*, ou pays de plaine, à une terre basse et sablonneuse qu'on voyait au-delà, et qui était couverte de bois.

Ils remontèrent une rivière dont les bords étaient couverts d'arbustes portant des fruits du goût le plus agréable et le plus exquis. La température de l'air parut douce aux aventuriers groënlandais; le sol semblait fertile, la rivière abondait en poissons, surtout en beaux saumons. En avançant plus loin, ils reconnurent que la rivière sortait d'un lac, près duquel ils résolurent de passer l'hiver. A leur retour, ils racontèrent, entre autres choses, que, dans le jour le plus court, le soleil était visible sur l'horizon pendant huit heures; qu'un Allemand, qui faisait partie de l'équipage, avait trouvé dans les bois, des raisins sauvages, dont il apprit aux navigateurs scandinaves qu'on faisait du vin dans son pays. Cette découverte fit donner à cette terre le nom de *Vinland*, ou pays du vin.

La latitude déduite d'après l'observation de la longueur du jour, en supposant qu'elle soit correcte, indiquerait quelqu'une des rivières de la côte orientale de Terre-Neuve, comme le point sur lequel ces aventuriers passèrent l'hiver. Elle pourrait désigner également la côte du Canada, près de l'embouchure du fleuve Saint-Laurent. On sait maintenant que la vigne croît spontanément en diverses parties du Canada, et que plusieurs espèces (1) y produisent un fruit aussi agréable au goût qu'à l'œil; mais on ne sait pas s'il s'en trouve également à Terre-Neuve; car, quoique la Grande-Bretagne y ait des établissemens depuis plus de deux siècles, l'intérieur et même les côtes de cette île sont si peu connus, qu'on n'a pas encore essayé d'en donner une *Flore*, ou une description des plantes qui s'y trouvent.

Il n'est cependant pas nécessaire de supposer que le fruit trouvé par l'Allemand fut réellement du raisin. *Vigne* est un nom générique sous lequel les nations qui ne connais-

―――――――
(1) *Vitis labrusca, vulpina, arborea.*

sent pas le raisin, désignent les diverses espèces de groseilles ; l'on en trouve plusieurs au Canada, au Labrador, sur les côtes de la baie d'Hudson, et à Terre-Neuve (1). La circonstance qui a fait donner le nom de *Vinland* au pays nouvellement découvert, n'est donc pas une raison suffisante pour jeter des doutes sur la véracité de cette relation.

Quoique les Anglais, comme je viens de le dire, soient établis à Terre-Neuve depuis plus de deux cents ans, on ne sait pas positivement si l'intérieur est habité par des indigènes qui ont là des demeures fixes, ou s'il ne s'y trouve que des hommes du continent voisin qui viennent y passer les mois d'été pour chasser les daims, les loups, les ours, et d'autres animaux dont la peau leur sert de vêtement, et la chair de nourriture ; pêcher le saumon qui se trouve en

---

(1) Le *Ribes prostratum* est indigène à Terre-Neuve, et le *Ribes recurvatum*, portant un fruit noir ressemblant au raisin, se trouve sur les rives de la baie d'Hudson.

Persoon. Synops. plant.

abondance dans les rivières; enfin ramasser des œufs, et prendre des oiseaux dans les îles voisines. On a souvent rencontré de ces indigènes dans leurs canots, près des côtes; mais les mauvais traitemens qu'ils éprouvèrent des pêcheurs européens, leur firent éviter toute communication avec eux, ils agissent de même aujourd'hui. On ne peut donc voir qu'avec un vif intérêt le résultat d'une expédition faite récemment dans l'intérieur de cette île, sous le commandement du capitaine Buchan. Comme sa relation est encore manuscrite, on en donnera un extrait à la suite de cet ouvrage (1).

Il importe peu que nous considérions le Vinland comme étant le Labrador ou Terre-Neuve, puisque les Scandinaves ne paraissent avoir formé d'établissement dans aucun de ces deux pays. Néanmoins, une découverte récente semble indiquer les restes d'une ancienne colonie, dont nous aurons bientôt occasion de parler. Ces hordes du

(1) *Voyez* l'Appendix N.º I.

nord, sorties comme des abeilles d'une ruche trop pleine, prospérèrent rapidement en Islande, en dépit d'un sol stérile et d'un climat rigoureux. La religion et la littérature fleurirent même dans ce pays où le luxe n'avait pas pénétré, et où l'on manquait souvent des premiers besoins de la vie. Le génie de la poésie s'anima au milieu des glaces et de neiges éternelles ; elle ne pouvait chanter ni des bosquets ombragés, ni des prairies verdoyantes ; elle s'en dédommageait amplement par la peinture des objets les plus sublimes et les plus imposans de la nature. — Les tempêtes et les ouragans, les tremblemens de terre et les volcans, des montagnes vomissant des jets de flamme et d'eau bouillante, des masses énormes de fumée, de vapeurs et de cendres, obscurcissant l'air et enveloppant toute l'île : tel était le spectacle terrible qu'offrait cette terre située à l'extrémité du monde habitable. Les Scaldes ou Bardes, dit *Pennant*, conservèrent, sous le climat inhospitalier de l'Islande, le même feu, la même énergie, que lorsqu'ils suivaient leurs chefs sous la douce température de l'Espagne et de la Sicile, et qu'ils y chantaient leurs exploits (1).

Les colonies du Groënland ne prospérèrent pas de même. La grande île (si ce n'est pas une péninsule), connue sous le nom de Groënland, est divisée en deux parties par une chaîne de hautes montagnes centrales qui s'étendent du nord au sud, et qui sont couvertes de neiges et de glaces éternelles. Les anciens Scandinaves avaient établi des colonies à l'est et à l'ouest de cette chaîne. Celles de l'ouest s'étaient accrues progressivement, jusqu'à former quatre paroisses contenant cent villages ; mais il paraît que des guerres continuelles avec les indigènes les détruisirent. Les Norvégiens avaient donné à ces hommes le nom de *Skrœlings*; ils ont depuis été connus sous celui d'Esquimaux. Les ruines des bâtimens élevés par les Norvégiens se voyaient encore en 1721, lorsque le pieux et respectable missionnaire Hans Egède visita ce pays pour y fonder la

(1) Introduction à la Zoologie arctique.

colonie dont il avait donné le plan à la compagnie du Groënland établie à Bergen en Norvège.

Le destin de la colonie de la côte orientale fut encore plus déplorable, s'il est possible. Depuis son premier établissement par Eric Rauda en 983 jusqu'à son époque la plus brillante au commencement du quinzième siècle, la population y avait successivement augmenté, et l'on y comptait douze paroisses, cent quatre-vingt-dix villages, un évêché et deux couvens. On présume que l'un de ces monastères est celui que Zeno désigne comme situé près d'une source d'eau chaude. Les annales d'Islande font mention d'une suite de seize évêques du Groënland oriental; le dix-septième, parti de Norvège en 1406 pour aller prendre posession de son siége, ne put approcher de la côte, à cause des glaces énormes qui la rendaient inaccessible. Depuis cette époque, on n'eut plus aucune communication avec les malheureux colons.

Thormoder Torfager rapporte pourtant, dans son histoire du Groënland, qu'Amand, évêque de Skalholt, en Islande, retournant de cette île en Norvège, vers le milieu du seizième siècle, fut poussé par une tempête près de la côte orientale du Groënland, en face d'Herjolf's Ness, et qu'il en approcha assez pour pouvoir distinguer les habitans qui conduisaient leurs troupeaux dans les champs. Mais le vent devenant favorable, on fit voile pour retourner en Islande. Hans Egède regarde le récit d'Amand comme digne de foi. « Nous apprenons par-là, dit-il, que la colonie orientale ne discontinua pas de prospérer, au moins cent cinquante ans après que tout commerce et toute navigation eurent cessé entre elle et le Groënland Occidental, et rien ne prouve qu'il n'y existe plus aucun de ses habitans de race norvégienne (1). »

Les diverses tentatives qui ont été faites pour approcher de cette côte défendue par une barrière de glaces impénétrables, et

(1) Hans Egède, Crantz, Torfæus et une foule d'écrivains sont d'accord sur l'établissement et la destruction de ces deux colonies. Cependant, en

pour s'assurer du destin de ces malheureux colons, seront rapportées plus bas ; jusqu'à présent, tous les efforts ont été inutiles. Mais la rupture récente des glaces sur cette côte peut fournir l'occasion de connaître le sort de ces infortunés, ou de savoir du moins comment ils périrent, après avoir été séparés du monde, et s'il se trouve des traces ou des ruines quelconques qui constatent leur existence passée. Une telle recherche est au moins un objet de curiosité raisonnable ; ce serait un sujet de reproche pour le gouvernement danois, s'il négligeait la seule occasion qui puisse se présenter de s'en occuper.

dépit de ces autorités et des tentatives réitérées faites par le gouvernement danois pour examiner l'état de l'ancienne colonie sur la côte orientale, un M. Eggers, en 1792, entreprit de prouver que cette colonie orientale n'avait jamais existé, et qu'on n'avait nommé cette partie du Groënland, *orientale*, que parce qu'elle est située *du côté de l'occident*.

CHAPITRE II.

NICOLO et ANTONIO ZENI. 1380.

Arrivée de Nicolo Zeno en Frislande. — Zichmni, roi de ce pays. — Ses conquétes. — Il découvre différentes terres. — Honneurs rendus à Nicolo. — Son frère Antonio va le joindre. — Mort de Nicolo. — Preuves nouvellement acquises de l'existence d'une ancienne colonie européenne dans l'île de Terre-Neuve.

La famille des Zeno à Venise est très-ancienne, et célèbre par son antique noblesse et ses hauts faits. Les aventures extraordinaires des deux frères Nicolo et Antonio dans les mers du nord furent d'abord publiées par Francesco Marcolini en 1558, et ensuite dans le Recueil de Ramusio (1). La

(1) Dello scoprimento del l'isole Frislanda. *Ramusio*, navig. et viag., T. II, p. 23, fol. 2.

relation fut rédigée d'après les lettres écrites par Antonio Zeno à son frère aîné Carlo, et remise à Marcolini par un descendant de leur famille, nommé Nicolo Zeno. Celui-ci regrette l'état imparfait dans lequel se trouvaient ces lettres ; elles lui étaient d'abord tombées entre ses mains, dans un âge où il n'en pouvait apprécier l'importance ; il en avait, par enfantillage, déchiré plusieurs, ainsi que d'autres papiers du même genre. Mais, parvenu à un âge plus mûr, il avait bientôt reconnu la haute valeur de ces manuscrits. Il s'était donc empressé de recueillir et de mettre en ordre ce qui en restait, afin de conserver le souvenir de ces anciennes et intéressantes découvertes faites par ses deux illustres parens.

On doit, d'après cet aveu, avoir quelque indulgence pour tout ce qui peut paraître inexact ou mystérieux dans cette relation. Quelque mutilée qu'elle nous soit parvenue, elle n'en mérite pas moins de conserver une place très-importante dans l'histoire des premières navigations.

Nicolo Zeno, désirant voir les pays étrangers, équipa un bâtiment à ses frais, et passa le détroit de Gibraltar pour visiter l'Angleterre et les Pays-Bas. Une violente tempête jeta son vaisseau sur la côte d'une grande île qu'il appelle *Frislande*. Heureusement pour lui et pour les gens de son équipage, ils se mirent sous la protection d'un prince, nommé Zichmni, qui les sauva d'une attaque des habitans sauvages de cette île. Ce prince possédait aussi quelques petites îles vers le sud, nommées *Porland*, et était *duc de Sorano*, endroit parallèle à l'Ecosse.

Ce Zichmni était un grand guerrier et habile navigateur; reconnaissant dans Nicolo du jugement, des talens et de l'expérience dans la science maritime, il l'emmena dans une expédition qu'il fit du côté de l'ouest. Sa flotte consistait en treize vaisseaux, avec lesquels il s'empara de *Ledovo*, d'*Ilofe*, et de quelques autres petites îles. Les Vénitiens se firent beaucoup d'honneur par leur bravoure et par leurs connaissances en marine. A leur retour en Frislande, Nicolo fut nommé capitaine de la flotte de Zichmni; extrêmement satisfait des honneurs qu'il avait reçus, il écrivit à son frère Antonio de venir le joindre. Celui-ci équipa un vaisseau, et alla joindre son frère en Frislande. Il y resta quatorze ans, dont dix seul, et quatre avec son frère Nicolo.

Ce dernier fut encore chargé d'une expédition contre *Estland*, pays situé entre la Frislande et la Norvège; il attaqua et pilla ensuite sept autres îles nommées *Talas*, *Broas*, *Iscant*, *Trans*, *Mimant*, *Dambéré* et *Bres*. Il bâtit un fort dans cette dernière. L'année suivante, ayant équipé trois autres bâtimens, il fit voile au nord, et arriva en *Engroneland* où il trouva un monastère de frères prêcheurs sous l'invocation de saint Thomas, et situé près d'une montagne qui vomissait des flammes, comme le Vésuve et l'Etna.

Il y avait en ce lieu une source d'eau bouillante qui échauffait l'église du monastère et les chambres des moines; elle était encore si chaude quand elle arrivait dans la cuisine, qu'on n'y avait pas besoin de feu pour faire cuire les alimens; on mettait le pain dans des vases de cuivre que l'on plongeait dans l'eau, et il s'y cuisait aussi bien que dans le four le mieux chauffé. Les moines avoient aussi de petits jardins qu'ils couvraient pendant l'hiver, et qui, arrosés avec cette eau, ne craignaient ni la neige ni le froid qui est très-rude dans ces pays, situés si près du pôle. Par ce moyen, ces moines faisaient venir des fleurs, des fruits et des légumes de différentes espèces, aussi bien que dans des climats plus tempérés; de sorte que les hommes sauvages et grossiers qui habitaient ce pays, voyant ces effets surnaturels, regardaient les moines comme des dieux, leur apportaient en présent des poulets, de la viande et d'autres choses, et avaient pour eux un respect religieux.

Quand le froid est très-rigoureux et que la neige tombe en abondance, les frères chauffent leur monastère par le moyen de ces eaux, et lui donnent le degré de chaleur qu'ils veulent. Ce couvent est bâti en pierres, que la montagne lance toutes brûlantes de son sein. En jetant de l'eau sur ces pierres quand elles sont chaudes, on en fait d'excellente chaux très-blanche. Quand on les laisse refroidir sans les mouiller, elles se durcissent ; on les taille avec des instrumens de fer, et elles servent à la construction des maisons.

L'hiver y dure neuf mois. La nourriture des moines consiste en oiseaux sauvages et en poissons; car la source d'eau chaude, en se jetant dans une grande baie, la préserve de la gelée ; ce qui attire dans cet endroit une telle quantité d'oiseaux sauvages et de poissons, que ces religieux en prennent ce qu'il leur en faut pour leur subsistance et pour celle d'un grand nombre d'habitans du pays, qu'ils occupent constamment à bâtir, à pêcher, à prendre des oiseaux, et à divers autres travaux pour le service du monastère.

L'auteur parle ensuite du commerce que ces moines font avec la Norvège et les îles voisines; puis il ajoute que les moines de Norvège, de Suède et d'autres pays du nord, mais surtout d'Islande, se rendent à ce monastère de Saint-Thomas. Il décrit les barques des pêcheurs comme semblables, pour la forme, à la navette d'un tisserand; elles sont faites d'os de grands poissons et recouvertes en peaux.

Cette curieuse relation de l'Engroneland ou du Groënland est adressée par Nicolo à son frère Carlo. Il paraît que, pendant son séjour dans ce monastère, n'étant pas habitué à un froid si rigoureux, il tomba malade et mourut peu de temps après son retour en Frislande. Ce Nicolo avait laissé deux fils à Venise, et c'est de l'un deux que descendait le célèbre cardinal Zeno.

Après la mort de Nicolo, son frère Antonio succéda à tous ses biens, et, malgré lui, à ce qu'il paraît, à ses honneurs et à ses dignités, car il désirait vivement retourner dans son pays. Malgré ses prières, il ne put en obtenir la permission de Zichmni; car ce prince, homme de grand courage, avait résolu de se rendre maître de la mer. A cette époque, un de ses pêcheurs revint en Frislande après une absence de vingt-six ans. Il raconta qu'une tempête violente l'avait jeté sur une île nommée *Estotiland*, à environ mille milles à l'ouest de Frislande. Il ajouta que cette île était bien peuplée, qu'on lui avait fait voir un homme qui avait aussi fait naufrage sur cette côte, et qui parlait latin; que cette île était presque aussi grande que l'Islande, et plus fertile; que les ouvriers y étaient ingénieux et adroits; que le prince avait des livres latins, mais qu'il ne les comprenait pas; qu'on y avait de l'or et toutes les espèces de métaux (1); qu'on y cultivait le blé; qu'on y faisait de la bière, et qu'on y commerçait avec le Groënland, d'où l'on tirait des pelleteries, du soufre et de la poix; que les maisons y étaient bâties en pierres; qu'il s'y trouvait de grandes forêts contenant des arbres dont on construisait des navires; enfin, qu'on commerçait avec un pays situé vers le sud, et nommé *Drogéo*.

Zichmni ayant entendu cette singulière relation, qui fut confirmée par l'équipage venu en Frislande avec le pêcheur, résolut

(1) Cette phrase ne se trouve pas dans Ramusio. On peut croire qu'elle a été ajoutée par Hakluyt dans sa traduction, tom. III, p. 174, pour exciter les Anglais à poursuivre les nouvelles découvertes en Amérique (T.).

d'envoyer un grand nombre d'hommes et de vaisseaux à la recherche de ces pays, et Antonio Zeno accompagna l'expédition.

En s'avançant à l'ouest, la première terre que l'on rencontra fut appelée *Icaria;* on arriva ensuite dans un autre pays, où la température était extrêmement douce et agréable. On donna le nom de *Trin* à un havre dans lequel on jeta l'ancre. L'intérieur du pays était peuplé d'hommes à demi-sauvages, se cachant dans des cavernes, de petite taille et fort timides. Zichmni trouvant dans ce lieu un air pur et salubre, un sol fertile et de belles rivières, résolut d'en prendre possession et d'y bâtir une ville; mais ses sujets commencèrent à murmurer et à exprimer le désir de retourner dans leur patrie. En conséquence, il chargea Antonio de reconduire en Frislande tous ceux qui ne voulurent pas rester. On navigua pendant vingt jours à l'est, sans apercevoir aucune terre. Ayant gouverné ensuite au sud-est pendant cinq jours, on toucha à l'île de *Néomé;* on y renouvela les provisions, et on arriva, trois jours après, en Frislande.

« Je ne sais, dit le narrateur, ce qui se passa après cette époque ; mais, d'après le commencement d'une autre lettre d'Antonio, il paraîtrait que Zichmni fit construire une ville près du havre, dans l'île qu'il avait découverte. Voici le commencement de cette lettre :

« Quant à ce que vous me demandez sur les mœurs et les usages des habitans, sur les animaux et sur les pays voisins, j'ai traité spécialement de tous ces objets dans un livre, qu'avec la grâce de Dieu, je rapporterai avec moi. J'y fais la description du pays, de ses poissons monstrueux, des lois et des coutumes de Frislande, d'Islande, d'Estland, du royaume de Norvège, d'Estotiland, de Drogéo, et j'y donne les détails de la vie du chevalier Nicolo, notre frère ; de la découverte qu'il fit de l'Engroneland, et de l'état de ce pays. J'ai aussi écrit la vie et les faits de Zichmni, prince aussi digne d'une mémoire immortelle qu'aucun de ceux qui ont existé, tant par sa grande valeur que par sa rare humanité. J'y ai aussi décrit la découverte de l'Engroneland sur ses deux côtes, et la ville qu'il fit construire. C'est pourquoi je ne vous en dirai pas davantage dans cette lettre, espérant être bientôt avec vous, et satisfaire de vive voix votre curiosité.

Les lettres contenant la narration intéressante et curieuse des aventures et des découvertes des deux Zeno, furent écrites par Antonio à son frère Carlo. Marcolini, comme on l'a vu plus haut, publia les fragmens qui en restaient. Le même Antonio traça sur une carte ses voyages et ceux de son frère dans les pays du nord; il emporta cette carte avec lui, et elle fut suspendue dans sa maison, où elle était encore du temps de Marcolini, et tout le monde pouvait la voir et l'examiner, comme un gage sûr et incontestable de la vérité de ce qu'il avançait (1).

(1) Dello scoprimento del l'isole Frisland, etc., per Fran. Marcolini, 1558.
Hémisphère occidental, 1720.

Plus on approfondit la relation des deux Zeno, plus on éprouve une conviction intime de son caractère général de véracité. La manière dont on employait l'eau chaude pour chauffer le monastère, cuire les alimens des moines, et arroser leur jardin, paraissait cependant à bien de gens absolument incroyable. Mais nous sommes aujourd'hui plus sages qu'autrefois, et nous faisons tout cela de la même manière que les moines de Saint-Thomas avaient coutume de le faire dans le quatorzième siècle. Le point le plus difficile pour les géographes était d'assigner une position convenable à l'île de Frislande, nom qui se trouve dans la Vie de Christophe Colomb, et qui est placé par Frobisher à l'extrémité méridionale du Groënland. Ortelius soutient que c'était une partie de la côte de l'Amérique septentrionale. Delisle et quelques autres supposent que l'île de Buss, au sud de l'Islande, est le reste de celle de Frislande, dont le surplus aura été englouti par un tremblement de terre (1). Enfin, d'autres

---

(1) C'est ainsi que s'en débarrassent le duc d'Al-

tranchent la difficulté en regardant l'existence de l'île de Frislande, et même tout le voyage des deux Zeno, comme une fiction.

Mais M. Buache et M. Eggers ont fait un grand pas pour prouver la véracité de cette relation, d'après deux motifs différens; le premier ayant démontré que la position géographique de l'île de Frislande correspond avec celle de l'arpichel des îles Féroer (1), et le second, que les noms donnés par Zeno ne s'éloignent pas trop des noms modernes que portent ces îles (2). Forster a suivi cet exemple, et a trouvé une île correspondante à chaque nom contenu dans la relation des deux Zeno. Il a aussi découvert qu'en 1406, un Henri Sinclair était comte des Orcades et propriétaire des îles Shetland; et, comme la prononciation du nom Sinclair ou Siclair peut, pour une

madover, l'abbé Zurla et Amoretti; l'île de Buss elle-même a disparu, si jamais elle a existé.

(1) Hist. de l'Acad. des Sciences, 1784. — Mémoire sur l'île de Frislande.

(2) Mémoire sur l'ancien Groënland, 1792.

oreille italienne, ressembler à celle de Zichmni, il en conclut que Sinclair est le prince dont parle Zeno (1). Le nom même de *Feroesland* (pays de Féroer) ne diffère pas essentiellement de Frislande. L'Estotiland peut être Terre-Neuve ou le Labrador. Ce nom, dit M. Malte-Brun, paraît scandinave ; car *East-Outland*, en anglais, signifierait une terre extérieure d'est, dénomination qui convient à la situation de Terre-Neuve, relativement au continent de l'Amérique (2). Le même auteur fait observer que les habitans de l'Estotiland paraissent descendre des colons scandinaves de Vinland, dont la langue, pendant trois siècles, avait pu changer assez pour être devenue presque inintelligible aux pêcheurs de Féroer. Les livres latins dont parle Zeno y avaient sans doute été portés par cet évêque du Groënland qui, en 1121, se rendit au Vinland pour prêcher le christianisme. Il ajoute que Dro-

(1) Histoire des voyages et découvertes dans le nord.

(2) Précis de la Géographie universelle, Tom. I, p. 405.

géo, dans cette hypothèse, serait la Nouvelle-Ecosse et la Nouvelle-Angleterre, et il conclut qu'en réunissant sous un même point de vue les découvertes des Scandinaves dans les dixième et onzième siècles, et les voyages des frères Zeni dans le quatorzième, on restera persuadé que le Nouveau-Monde a été visité par les peuples du nord dès l'an 1000, et l'on pensera peut-être que cette première découverte, historiquement prouvée après avoir été constatée de nouveau par Zeno en 1390, a pu être connue de Colomb en 1477 (1467), lors de son voyage dans les mers du nord ; que, dans tous les cas, il devait être convaincu qu'en jetant un coup d'œil sur la carte, il montrerait aux esprits même les plus prévenus, que la nature elle-même avait destiné Terre-Neuve pour recevoir la première les visites des Européens (1).

A l'égard de Colomb, il reste trop peu de renseignemens sur son voyage dans les

---

(1) Précis de la Géographie universelle, Tom. I, p. 405-406.

mers du nord pour qu'on puisse même conjecturer vers quel endroit (au-delà de l'Islande) il se dirigeait, et dans quel dessein il l'avait entrepris. Au surplus, la découverte qui a eu lieu récemment à Terre-Neuve semblerait fortifier la conjecture que cette île est l'Estotiland de Zeno.

Une troupe de colons anglais, en remontant le fleuve qui se jette dans la baie de la Conception, un peu au nord de Saint-Jean, remarqua, à la distance d'environ six à sept milles de la baie, des restes de murs de pierres qui ne s'élevaient qu'à la surface de la terre : en écartant le sable et la terre accumulés en cet endroit, ils découvrirent des restes d'anciens bâtimens, des poutres en chêne, des meules de moulin. Ils virent des traces d'enclos ressemblant à des jardins, et, dans les environs, des plantes de diverses espèces qui ne croissent pas naturellement dans cette île. Mais la preuve la plus décisive que ces ruines sont les restes d'une ancienne colonie européenne, résulte de différentes espèces de monnaies que l'on y trouva ; les unes en cuivre, sans inscription ;

les autres en or mou, que les habitans regardèrent comme de vieilles monnaies flamandes (1).

Ces monnaies qui sont, dit-on, entre les mains de plusieurs habitans de Saint-Jean, décideront probablement la question de savoir si ces restes d'une ancienne colonie que l'on vient de découvrir appartiennent à celle qui fut établie par Zichmni, ou à quelque autre fondée, dans le onzième siècle, par les descendans d'Eric et de Biœrn. Les Scandinaves battaient monnaie dès avant le dixième siècle, et cette monnaie portait l'empreinte du soleil, d'une étoile, ou simplement d'une croix, sans aucune inscription. Ils employaient aussi pour leur commerce, même avant cette époque, des monnaies étrangères qu'ils recevaient principalement des Flamands (2).

Une circonstance semble militer contre la supposition que les ruines récemment

(1) Ce fait est constaté dans une lettre écrite par le capitaine Buchan, au moment de mettre à la voile pour son voyage vers le nord.

(2) Antiquité du nord.

découvertes soient les restes d'une colonie scandinave. Ces peuples du nord construisaient leurs maisons en bois dans l'Islande et le Groënland, pays qui en sont dépourvus. Les ruines dont il s'agit sont en pierres, quoique dans un lieu où le bois croît en abondance. Il est donc probable que ce sont les restes du fort que Zichmni fit bâtir sur les bords d'une belle rivière, à moins qu'on ne puisse les rapporter à une date postérieure à ces deux époques. En effet, quelques-uns des plus vieux habitans sont frappés de l'idée que lord Baltimore eut autrefois le projet de construire des moulins à scie dans le voisinage du port de Grasse, et l'on prétend qu'il en reste encore des vestiges. C'est un sujet intéressant, et sur lequel nous devons espérer que l'on ne tardera pas à obtenir des renseignemens certains.

CHAPITRE III.

CHRISTOPHE COLOMB. 1467.

Incertitudes des causes qui lui firent entreprendre un voyage dans les mers du nord. — Réfutation des motifs sur lesquels quelques géographes s'appuient pour lui contester l'honneur de la découverte de l'Amérique.

Les découvertes extraordinaires des Portugais, et, plus que toutes les autres, celle qui leur ouvrit la route de l'Inde en doublant le cap de Bonne-Espérance, éveillèrent la cupidité de plusieurs nations européennes et la curiosité de toutes; elles excitèrent en Angleterre cet esprit d'entreprise, qui, languissant peut-être quelquefois, ne s'y amortit jamais entièrement, et qui même ne paraît pas devoir jamais s'éteindre, tant qu'une portion du globe que nous habitons, quelque cachée, quelque reculée qu'elle soit, restera encore à découvrir.

Les Italiens étaient les plus habiles navigateurs du quinzième siècle. Parmi les étrangers qui étaient entrés au service des Portugais, il se trouvait un Génois nommé *Christoval Colon* ou *Christophe Colomb*. Dès l'âge de quatorze ans, il avait pris le parti de la marine ; il avait fait des progrès remarquables en géométrie, en cosmographie et en astronomie. Il paraît qu'après avoir quitté la Méditerranée, il voyagea dans les mers du nord ; une note écrite de sa main porte qu'il a visité l'Islande, pays qui faisait alors un commerce considérable, surtout avec les nations septentrionales, et entre autres avec l'Angleterre, principalement à cause de ses excellentes pêcheries. On dit même qu'il alla plus loin que cette île, et qu'il avança de plusieurs degrés au-delà du cercle polaire ; mais on ne sait ni au service de qui, ni dans quel dessein (1).

Il serait bien intéressant de savoir si c'é-

(1) Vie de Christophe Colomb.

tait le projet de faire des découvertes, ou seulement des vues de commerce, qui amenèrent ce navigateur célèbre dans ces régions inhospitalières ; mais on ne peut guère espérer de jamais obtenir des informations précices à cet égard. Ce n'est pas ici qu'il convient de parler de l'entreprise heureuse qui a justement immortalisé son nom ; mais il n'est pas hors de propos de réduire à leur valeur quelques tentatives essayées récemment pour dépouiller cet illustre navigateur de la gloire d'avoir fait l'une des plus grandes et des plus importantes découvertes que contiennent les annales de la navigation.

Le docteur Robertson se plaint, avec le juste intérêt qu'inspire la mémoire de ce grand homme, de la bassesse avec laquelle la jalousie nationale de quelques auteurs espagnols a cherché à lui dérober la gloire de sa grande entreprise, en insinuant qu'il fut conduit à la découverte du Nouveau-Monde, non par son génie fertile et audacieux, mais par des renseignemens qu'il avait reçus de quelque vieux pilote dont on ne cite ni le nom ni le pays, et de l'obstination des écrivains allemands à vouloir attribuer l'honneur de la découverte de l'Amérique à leur concitoyen Martin Behaim, natif de Nuremberg.

Cet ancien géographe avait étudié sous le célèbre Jean Muller, plus connu sous le nom de Regiomontanus. Il accompagna Diégo Cam dans son voyage de découvertes le long des côtes occidentales de l'Afrique, en 1485, et se fixa dans l'île de Fayal, une des Açores, où il établit une colonie de Flamands, après en avoir obtenu la concession du prince régent de Portugal. En 1492, il retourna à Nuremberg pour revoir sa famille, et y dressa une carte du globe terrestre que l'on conserve encore dans la bibliothèque de cette ville. Le docteur Robertson se procura un exemplaire de cette carte, telle qu'elle a été publiée par Doppelmayer; il remarque que l'imperfection des connaissances cosmographiques y est évidente. A peine un seul lieu y est-il placé à sa véritable position; l'on n'y découvre aucun motif de supposer que Behaim avait la moindre connaissance d'aucune partie de l'Amérique (1); celui-ci, il est vrai, figure une île à laquelle il donne le nom de Saint-Brandon; mais Robertson soupçonne que c'est une île imaginaire admise dans quelque ancienne carte sans une meilleure autorité que la légende du saint Irlandais Brandon ou Brendan, dont l'histoire est si fabuleuse et si puérile, qu'elle ne mérite aucune attention; il en conclut qu'il ne peut regarder que comme une conjecture très-hasardée l'assertion que Behaim a découvert quelque partie du Nouveau-Monde. Il est en effet très-invraisemblable qu'on ait voulu ou pu cacher une telle découverte; l'éclat qui suivit celle de Colomb suffit seul pour renverser toutes les prétentions qu'on a élevées en faveur de Behaim.

Quoique la carte de Behaim fût tracée d'après les écrits de Ptolomée, de Pline et de Strabon, et d'après les voyages modernes de Benjamin de Tudela, de Carpini,

(1) Histoire de l'Amérique, par Robertson.

de Rubruquis, et surtout de Marco Polo, cependant les découvertes des Portugais avaient considérablement ajouté à la connaissance du globe, et avaient fait faire un grand pas à la géographie ; néanmoins les concitoyens de Behaim, jaloux de voir son mérite borné à celui d'avoir recueilli et disposé avec soin des matériaux pour construire de bonnes cartes, ont encore fait de plus grands efforts que les Espagnols pour dérober à Colomb l'honneur de sa découverte, et pour en attribuer le mérite à Behaim par des pièces fabriquées. Selon eux, non seulement il fit la découverte de cette partie de l'Amérique qu'on nomme aujourd'hui le Brésil, mais il connut, avant Magellan, le détroit qui porte le nom de ce dernier ; il imagina même avant lui de donner aux naturels de ce pays le nom de *Patagons*, parce que les extrémités de leurs corps étaient couvertes d'une peau qui leur donnait plus de ressemblance aux pattes d'un ours qu'aux mains et aux pieds d'un homme (1). Tous ces faits sont extraits de

(1) Notre capitaine général, Magellan, dit Piga-

lettres qu'on prétend écrites par Behaim lui-même, en 1486, et que l'on conserve dans les archives de Nuremberg. Il résulterait encore de ces lettres que Martin Behaim, traversant l'Océan Atlantique plusieurs années auparavant, avait vu les îles d'Amérique, et découvert le détroit qui porte le nom de Magellan, avant que Christophe Colomb ou Magellan eussent navigué dans ces parages; qu'il traça mathématiquement, sur une carte géographique destinée au roi de Portugal, la situation des côtes qui bordent toutes les parties de ce fameux détroit long-temps avant que Magellan pensât à son voyage. Mais il faudrait des autorités plus fortes que celles qui ont été alléguées jusqu'à présent pour faire regarder comme authentiques des pièces si maladroitement fabriquées. Colomb n'avait nullement besoin de recevoir des informations de Behaim. Il connaissait trop bien la nature du globe pour ne pas savoir

fetta, donna à ce peuple le nom de *Patagons*, parce qu'ils avaient les pieds couverts de la peau velue des *guanacos*, ce qui les rendait semblables à des pattes d'ours.

qu'on pouvait arriver dans l'Inde par l'ouest aussi bien que par l'est, si l'Europe n'en était séparée par aucune autre terre. Il est évident, d'après ses efforts pour passer aux Indes orientales par la route de l'ouest, qu'il ne connaissait pas la continuité du continent américain, et qu'il ne s'attendait nullement à le rencontrer. Son espoir avait été de trouver un passage direct pour aller au Cathay et à Zipangry, noms qui, depuis le retour de Marco Polo, étaient devenus d'un usage commun et familier.

Il est vrai que les cosmographes de ce temps avaient agrandi la Chine du côté de l'est, beaucoup au-delà de sa véritable étendue; et, comme le dit Herrera, plus elle s'étendait vers l'est, plus elle devait s'approcher des îles du Cap Vert. » Colomb ne pouvait l'ignorer; et, dans le fait, les terres qu'il découvrit furent si bien considérées comme faisant partie de l'Asie, qu'elles reçurent aussitôt le nom d'*Indes*; et, lorsqu'on reconnut l'erreur, il devint nécessaire de distinguer les deux pays par les noms d'Indes orientales et occidentales,

C'est ainsi, comme l'observe avec raison le major Rennel, « que les magnifiques découvertes de Colomb furent inspirées par une très-grande erreur en géographie » (1).

Toute l'histoire de la prétendue découverte de Behaim semble avoir pris son origine dans un passage de la relation de Pigafetta qui est réellement remarquable. « Le capitaine général (Magellan), dit-il, savait qu'il devait passer par un détroit très-caché, comme il l'avait vu dans le dépôt du roi de Portugal, sur une carte dressée par cet habile homme, Martin de Bohémia ». Cette phrase se rapporte à l'assertion d'Herrera, « que Magellan possédait un globe terrestre fait par Behaim pour l'aider à diriger sa course vers les mers du sud, et que Colomb fut confirmé dans son opinion sur la possibilité de naviguer à l'ouest, par Martin de Bohemia, son ami » (2).

(1) Géographie d'Hérodote.
(2) Herrera. Histoire des voyages et découvertes de Burney.

CHAPITRE IV.

JEAN et SÉBASTIEN CABOT. 1495.

Départ d'Angleterre sous le règne d'Henri VII. — Découvertes de l'île de Terre-Neuve. — Sébastien Cabot se rend en Espagne. — Il est rappelé en Angleterre. — Honneurs qu'il y reçoit.

Jean Cabota, ou Cabot, citoyen de Venise, vint en Angleterre avec son fils Sebastien, alors enfant, et deux autres de ses fils, et s'établit à Bristol. Comme il était pilote habile et navigateur intrépide, Henri VII qui désespérait d'attirer Colomb à son service, à cause des malheurs de son frère Barthelemy, encouragea Cabot à faire des découvertes. Il lui accorda des lettres patentes qui l'autorisaient à chercher des terres inconnues, à les conquérir, et à y former des établissemens, le roi se réservant le cinquième des profits. Ces lettres patentes sont datées du 5 mars 1496, onzième année du règne d'Henri, et accordées à Jean Cabot, ainsi qu'à ses trois fils, Louis, Sébastien et Sanchès. Malheureusement on n'est pas d'accord sur la date du voyage dans lequel on suppose que l'île de Terre-Neuve fut découverte ; l'on ne peut concilier les différentes relations recueillies par Hakluyt, et qui sont au nombre de six, qu'en supposant que Jean Cabot avait fait au moins un voyage avant que les lettres-patentes lui fussent accordées, et entre cette époque et celle du retour de Colomb. Il n'est pas même bien clair que Jean Cabot ait accompagné Sébastien dans le voyage entrepris après l'obtention de ces lettres-patentes, soit la même année, soit celle qui suivit. En effet, si l'on peut compter sur la fidélité du rapport fait au légat du pape en Espagne, et qui est imprimé dans la collection de Ramusio, il paraîtrait que Sébastien aurait effectué seul ce voyage de découvertes, car on le fait parler ainsi dans cette pièce :

« Et mon père mourut à l'époque où l'on apprit la nouvelle que Don Christoval Colon, le Génois (1), avait découvert les côtes de l'Inde, ce dont on parla beaucoup à la cour de Henri VII, qui régnait alors. Chacun affirmait avec admiration que c'était une chose plus divine qu'humaine, que d'arriver dans l'Orient, où croissent les épices, par l'ouest, chemin inconnu jusqu'alors. Cette grande nouvelle enflamma mon ame du désir de faire quelque chose de mémorable. Comprenant, par la sphère, qu'en naviguant au nord-ouest j'arriverais dans l'Inde par une voie plus courte, je fis communiquer mon projet au roi, qui ordonna sur-le-champ qu'on me fournît deux caravelles équipées de tout ce qui était nécessaire pour ce voyage, qui eut lieu, autant que je puis m'en souvenir, au commencement de l'été de 1496. Je dirigeai donc ma route au nord-ouest, ne pensant pas rencontrer d'autre terre que le Cathay, et

(1) Ceci est encore en contradiction avec les lettres-patentes de Henri VII, dans lesquelles le nom de Jean se trouve contenu.

comptant de là gagner les Indes. Mais, après un certain temps, je trouvai une terre qui allait vers le nord, ce qui me contraria beaucoup. Cependant je suivis la côte pour voir si je découvrirais quelque détroit, mais la terre continua jusque sous le 56e degré sous notre pôle. Voyant alors que la côte s'avançait vers l'est, et désespérant de trouver un passage, je fis voile vers la ligne équinoxiale (toujours dans le dessein de trouver un passage dans l'Inde). J'arrivai enfin à cette partie de la Terre-Ferme qu'on appelle aujourd'hui la Floride; et, manquant de vivres, j'en repartis et retournai en Angleterre. J'y trouvai beaucoup d'agitation parmi le peuple; on faisait des préparatifs pour une guerre en Ecosse, et, d'après cela, on ne pensa plus à ce voyage (1). »

Il y a donc une grande probabilité que le père et le fils, dans leur premier voyage, découvrirent ensemble l'île de Terre-Neuve, à laquelle ils donnèrent le nom de *prima*

(1) Ramusio et voyages d'Hakluyt.

vista (la première vue). Ils représentent les naturels du pays comme couverts de peaux d'animaux, et ayant pour armes des arcs, des flèches, des massues et des piques. Ils virent des ours et des daims d'une grande espèce; ils prirent une grande quantité de phoques, de beaux saumons, et des soles de plus de trois pieds de longueur; mais le poisson le plus abondant était une espèce nommée, par les naturels du pays, *baccalaos*, nom qu'on donna ensuite au pays, et que porte encore aujourd'hui une petite ville située sur la côte orientale. C'est ce poisson que les Anglais nomment *cod-fish*, les Hollandais et les Allemands *cabeliau*, et les Français *morue*.

D'après un extrait de la chronique de Fabien, par Hakluyt, il paraîtrait que les Cabot ramenèrent trois habitans de Terre-Neuve. « Ces sauvages étaient couverts de peaux d'animaux, mangeaient la chair crue, parlaient une langue que personne ne pouvait comprendre, et, dans toute leur conduite, ressemblaient à des bêtes brutes. »

Sébastien Cabot voyant, à son retour d'Amérique, que le gouvernement anglais n'était pas disposé à suivre une entreprise si heureusement commencée, partit pour l'Espagne. Pierre Martyr dit « qu'il fut appelé d'Angleterre par ordre de sa majesté catholique, le roi de Castille, et nommé membre du conseil pour les affaires des Nouvelles-Indes; » et il ajoute : « Cabot est mon ami intime, je le traite avec familiarité, et je suis charmé de ce qu'il vient fréquemment me tenir compagnie chez moi. »

Sébastien entreprit plusieurs voyages au service de l'Espagne, et, entre autres découvertes, fit celle du Rio de la Plata, au sud du Brésil. Il retourna ensuite en Angleterre, probablement à l'invitation de Robert Thorne, négociant anglais, qui demeurait à Séville. Sébastien était fort lié avec lui, et Thorne avait beaucoup contribué à une de ses expéditions (1). Celui-

___
(1) Vies des amiraux, T. I.

ci était né à Bristol, où le père de Cabot avait demeuré ; il y avait rempli la place de maire. Sébastien revint en Angleterre en 1548, sous le règne d'Henri VIII. Lorsque Edouard VI monta sur le trône, le duc de Somerset le présenta au jeune roi, qui fut si charmé de sa conversation, qu'il lui donna des lettres-patentes de grand pilote, et lui accorda une pension annuelle et viagère de cinq cents marcs (4000 fr.), en considération de ses bons et loyaux services rendus et à rendre (1).

Quelque grande que fût cette récompense, eu égard au temps où elle fut accordée, jamais il n'y en eut de mieux méritée. Placé à la tête de la société des commerçans armateurs établie pour la découverte de régions, pays, îles et lieux inconnus, ses connaissances, son expérience, son zèle et sa pénétration non seulement étendirent le commerce de l'Angleterre

(1) Voyages d'Hakluyt. — Fœdera Rymer, vol. XV.

au-dehors, mais entretinrent cet esprit d'entreprise dont, même pendant sa vie, les succès furent brillans, et dont les résultats finirent par être très-avantageux à la nation qui avait si sagement et si honorablement admis cet estimable étranger au nombre de ses citoyens.

CHAPITRE V.

les CORTEREAL. 1500.

Voyage de Juan Vaz Costa Cortereal à Terre-Neuve, puis au Groënland.—Détails de ce voyage.—Découverte du Labrador et du Canada.—Etymologie du nom de ce dernier pays.—Découverte prétendue du détroit d'Anian par Gaspard Cortereal.— Fâcheuse issue de son voyage et de celui de Michel Cortereal son frère. — Origine du nom de Cortereal.

Les Portugais, peu contens d'avoir découvert une route vers l'Inde, à travers les mers orageuses qui entourent l'extrémité méridionale de l'Afrique, s'engagèrent bientôt dans une entreprise non moins hasardeuse, celle d'arriver dans l'Inde et dans les îles qui produisent les épices, en naviguant à l'ouest pour doubler l'extrémité septentrionale de l'Amérique.

Cette entreprise hardie fut réservée aux Cortereal, disciples éclairés de l'école de Sagres. Le premier navigateur de ce nom fut Juan Vaz Costa Cortereal, gentilhomme de la maison de l'infant Don Fernando; accompagné d'Alvaro Martens Hornen, il reconnut les mers du nord par ordre du roi Alphonse V, et découvrit la Terra de Baccalhaos (le pays des morues), nommée depuis Terre-Neuve.

Cordeiro parle de ce voyage (1), mais il n'en donne pas la date exacte. Il est pourtant constant qu'il eut lieu en 1463 ou 1464; car, à leur retour de Terre-Neuve, les Portugais touchèrent à l'île de Tercère. Le commandement de cette île étant devenu vacant par la mort de Jacques Bruges, Cortereal et Martens le demandèrent et l'obtinrent en récompense de leurs services. Les lettres-patentes contenant leur nomination sont datées d'Evora, du 2 avril 1464.

Malgré cette date ancienne d'un voyage

(1) Historia insulana.—Cordeiro.

à travers l'Atlantique, il n'existe aucune preuve que les Portugais aient fait, avant la fin du quinzième siècle, d'autres tentatives pour parvenir à cette découverte; et si la réalité du voyage dont nous venons de parler n'était appuyée que sur le témoignage seul de Cordeiro et sur les lettres-patentes, ce ne serait pas un titre assez fort pour priver les Cabot de l'honneur d'avoir les premiers découvert Terre-Neuve. Si toutefois les lettres-patentes spécifiaient les services en considération desquels elles furent accordées, et énonçaient expressément qu'elles l'ont été pour la découverte de cette île, ce témoignage serait d'un grand poids en faveur de l'ancien Cortereal. Mais il en existe un autre indirect, qui se trouve dans un traité écrit en 1570 par Francisco de Souza, sur les nouvelles îles et leur découverte (1); il y parle des Portugais qui, vingt ans avant cette époque, étaient partis de Viana et des îles Açores pour peupler la

---

(1) Trattato das ilhas novas, etc., 1570. — Bibliotheca Lusitana.

nouvelle terre de Baccalhaos, ce qui semble prouver que les Portugais étaient dans l'habitude non seulement de pêcher sur les bancs de Terre-Neuve vers la fin du quinzième siècle, mais encore d'y former des établissemens.

Cette difficile entreprise de faire des découvertes dans les mers du nord, semble au surplus avoir été réservée exclusivement à la famille des Cortereal; car on ne voit pas que le Portugal, ni aucune autre nation, à l'exception de l'Angleterre, qui y envoya Cabot, ait chargé un navigateur de reconnaître les mers que Juan Cortereal avait parcourues, jusqu'au voyage qui fut entrepris par son fils Gaspar Cortereal.

Les deux vaisseaux équipés pour cette expédition, dont il avait le commandement, firent voile de Lisbonne dans l'été de 1500; car, quoique Galvam dise qu'ils partirent de Tercère, cela signifie seulement qu'ils touchèrent à cette île pour y prendre des rafraîchissemens, compléter leur équipage, et fournir à Cortereal l'occasion de faire ses adieux à la partie de sa famille qui y était déjà établie.

Partant des Açores, ils suivirent une route qui, autant qu'ils le pouvaient savoir, n'avait encore été parcourue que par un seul navigateur, et ils découvrirent au nord une terre qu'ils nommèrent *Terra-Verde*, c'est-à-dire Terre-Verte ou Groënland. Galvam la place, quoique avec inexactitude, par 5o° (1); d'autres écrivains, surtout Goes, font la description de la nature du pays et des mœurs des habitans.

Dans la première collection de voyages, publiée en Europe, qui soit connue, et qui fut imprimée à Vicence par Francazano da Montalboddo (2), on trouve une lettre écrite par Pedro Pascoal, ambassadeur de la république de Venise à la cour de Lisbonne,

(1) C'est probablement une faute d'impression, au lieu de 60°, ce qui serait correct.
(2) *Mundo nuovo é paesi nuovamente retrovati, etc., Vicenza*, 1507; livre fort rare, traduit en latin par Madrigano, sous ce titre: *Itinerarium Portugalensium è Lusitaniâ in Indiam*, etc.

adressée à son frère en Italie, et datée du 29 octobre 1501, dans laquelle il donne les détails du voyage de Cortereal, comme les ayant appris de lui-même à son retour.

D'après cette autorité, il paraît qu'ayant employé près d'un an à ce voyage, Cortereal avait découvert, entre l'ouest et le nord-ouest, un continent inconnu jusqu'alors ; qu'il en avait remonté les côtes pendant plus de huit cents milles ; que, suivant ses conjectures, cette terre était près d'un pays voisin du pôle arctique, et dont les Vénitiens s'étaient approchés autrefois (1) ; il lui fut impossible d'aller plus loin, à cause des énormes montagnes de glace qui couvraient la mer, et de la neige continuelle qui tombait du ciel.

Pascoal rapporte en outre que Cortereal ramena dans ses vaisseaux cinquante-sept naturels de ce pays ; il vante les bois qui le couvrent, l'abondance de poissons qu'on trouve sur ses côtes, et dit que les habitans en sont robustes et laborieux.

(1) Nicolo et Antonio Zeni.

On peut ajouter a ce témoignage celui de Ramusio, dont l'exactitude en pareille matière est bien connue. L'extrait suivant est tiré de son discours sur la Terre-Ferme et les îles orientales.

« Quelques navigateurs ont navigué vers la partie du Nouveau-Monde qui s'avance au nord-ouest, en face de notre continent habitable de l'Europe. Le premier d'entre eux, autant qu'on peut s'en assurer, fut Gaspar Cortereal, Portugais, qui y arriva avec deux caravelles en 1500, espérant découvrir quelque détroit par où il pourrait passer, pour se rendre aux îles qui produisent les épices, par une route plus courte qu'en faisant le tour de l'Afrique.

« Ils continuèrent leur voyage dans ces mers jusqu'à ce qu'ils fussent arrivés dans une région où le froid était extrême ; et, sous la latitude septentrionale de 60°, ils découvrirent une rivière remplie de glaces, et lui donnèrent le nom de *Rio Nevado*, ou rivière des neiges. Ils n'eurent pourtant pas le courage d'aller plus loin. Toute la côte de Rio Nevado à *Porto das Malvas* (le port des

Mauves), situé par 56°, et qui contient un espace de 200 lieues, est bien peuplée. Ils allèrent à terre et emmenèrent quelques habitans. Cortereal découvrit aussi beaucoup d'îles, qui toutes étaient habitées, et à chacune desquelles il donna un nom » (1). Nous verrons dans un instant ce qu'étaient ces îles.

Ce grand pays découvert par Cortereal est évidemment celui que l'on connaît à présent sous le nom de Labrador, ou plutôt de Lavrador, mot portugais qui en caractérise les habitans.

Une nouvelle preuve de ce fait existe dans une carte d'une édition de Ptolémée, publiée à Rome en 1508, qui donne à la terre de Labrador le nom de *Corterealis*. On y voit aussi l'île des *Demonios* ou des Démons, ainsi nommée à cause des dangers que les vaisseaux y avaient courus.

Sébastien Munster, dans sa Chorographie imprimée pour la première fois à Bâle en 1544, donne à Terre-Neuve même le nom

(1) Ramusio, Navig. e Viagg.

de Cortereal ; et le célèbre Abraham Ortelius, non seulement appelle la terre de Labrador *Cortereal*, mais il marque la rivière des neiges (Rio Nevado) et *Bahia da Serra*, près de l'entrée du détroit qu'on nomme aujourd'hui détroit d'Hudson ; il place presque au milieu une rivière qu'il nomme *Rio da Tormenta*, rivière des Tempêtes, qui est suivie d'une autre baie nommée *Bahia das Medas* (baie des monceaux). De ce que ces noms sont portugais, il ne s'ensuit pourtant pas qu'ils aient tous été donnés par Gaspar Cortereal, ni même qu'il soit effectivement entré dans la baie d'Hudson, quoique les probabilités soient en faveur de cette supposition, si l'on fait attention à toutes les circonstances de cette relation.

Le même doute n'existe pas relativement au fleuve de Saint-Laurent. Même, sans preuves positives, on pourrait conclure, sans craindre de se tromper, que, comme le grand objet du voyage était la découverte d'un passage dans les Indes, une si large ouverture que celle que présente l'embouchure de ce fleuve ne pouvait échapper à l'examen. Mais, indépendamment de ce raisonnement général, la preuve que fournit Ramusio est décisive. En faisant la description des principaux points de cette côte, il dit qu'au-delà du cap de Gado (des bestiaux) qui est par 54°, elle s'étend deux cents lieues vers l'ouest, jusqu'à un grand fleuve nommé Saint-Laurent, que quelques-uns regardaient comme un bras de mer, et que les Portugais remontèrent pendant plusieurs lieues.

Ils ne s'y avancèrent probablement qu'autant qu'il le fallait pour s'assurer que c'était un grand fleuve, et non un bras de mer. Quant au nom de Canada qui fut donné au pays situé à la droite de son embouchure, beaucoup de géographes ne s'en servirent que pour désigner un village situé au confluent du Saguenai; et, suivant un grand nombre d'écrivains, voici quelle en fut l'origine.

Les Portugais, en remontant le fleuve, dans l'idée que c'était un détroit par lequel ils pourraient trouver un passage pour aller aux Indes, arrivèrent à l'endroit où ils reconnurent que c'était un fleuve; alors ils s'écrièrent avec l'accent d'un espoir trompé: *Cà nada!* Rien ici! Ces mots frappèrent l'oreille des naturels du pays qui s'en souvinrent, et les répétèrent en voyant d'autres Européens y arriver avec Jacques Cartier en 1534. Mais Cartier se trompe sur le but des Portugais, qui était de découvrir un passage aux Indes et non des mines d'or, et le récit des Portugais est véritable; il fit une autre erreur en prenant l'exclamation *Cà nada!* pour le nom du pays.

J'ai déjà dit que, dans le cours de ce voyage, Cortereal découvrit plusieurs îles qu'il trouva habitées et auxquelles il donna des noms portugais. Ramusio place sur sa carte l'île *dos Baccalhaos* (des morues), presque touchant à la terre de Cortereal; l'île de *Loa Vista*, et une autre qu'il nomme *Monte do Trigo*) mont du blé). Dans celle d'Ortelius on trouve, sous le 43° dégré de latitude, l'*ilha Redonda* (île ronde); sous le 47°, l'*ilha da Area* (île de sable); sous le 57°, l'*ilha dos Cysnes* (île des Cygnes); et enfin, à l'embouchure du détroit d'Hudsen, il place une petite ile, à laquelle il donne le nom de *Caramilo*, d'où l'on peut conclure que les Portugais y avaient été aussi; ce nom, sauf une faute d'orthographe, étant le mot portugais, *Caramelo*, glaçon.

Ces circonstances donnent lieu de supposer avec vraisemblance que, cédant à l'enthousiasme produit par les voyages de Gama et de Magellan, les Portugais entreprirent diverses expéditions et découvrirent plusieurs pays, mais que les événemens postérieurs les firent négliger, et qu'enfin l'on en perdit le souvenir.

Comme Gaspar Cortereal était fermement persuadé qu'on pouvait trouver au nord-ouest un passage pour aller aux Indes, et que cette découverte serait aussi honorable pour lui qu'avantageuse pour sa patrie, il fit ses préparatifs pour une seconde expédition, et obtint facilement le consentement du roi. Le 15 mai 1501, il partit de Lisbonne avec deux vaisseaux, suivi des vœux et des espérances de ses concitoyens.

Ce voyage fut heureux, dit-on, jusqu'à l'arrivée à *Terra-Verde* (Groënland).

Mais là, le mauvais temps sépara Cortereal de son second bâtiment, qui, après avoir long-temps attendu et cherché inutilement, retourna à Lisbonne avec cette fâcheuse nouvelle. On lit, dans plusieurs collections de voyages, que le nom d'*Anian* fut donné au détroit qu'on suppose avoir été découvert par Gaspar, en l'honneur de deux frères qui l'accompagnaient; mais cette supposition est sans fondement, de même que celle de quelques géographes qui prétendent que le nom d'*Ania* est applicable à l'extrémité du nord-ouest de l'Amérique, parce que Marco Polo dit que c'est celui d'une province de la Chine; mais il n'existe en Chine aucune province de ce nom, et Marco Polo n'en parle point. Dans le fait, l'origine de ce mot est entièrement inconnue (1).

Michel Cortereal, grand-garde de la porte du roi don Manuel, se voyant, par ce funeste événement, privé d'un frère pour le-

(1) Dans les plus anciennes cartes, la partie de l'Amérique située au nord-est est indiquée par le nom d'*Ania*. On dit que le mot *Ani* signifie *frère* en japonais, et de là vient probablement l'erreur.

quel il avait la plus tendre affection, ne voulut confier à personne le soin de le chercher, et partit de Lisbonne avec trois vaisseaux le 10 mai 1502.

Antoine Galvam nous apprend que, lorsque les Portugais attérirent, ils découvrirent plusieurs rivières ou ouvertures, et que chaque vaisseau en remonta une après être convenus de se réunir à un certain point le 20 août. Deux navires s'y trouvèrent; mais le troisième que montait Michel de Cortereal ne reparut pas, et l'on n'en eut jamais de nouvelles. Il ne resta d'autres traces des deux frères que le nom de Cortereal donné au pays.

Quand ces deux bâtimens revinrent en Portugal avec la triste nouvelle du sort malheureux de ce second Cortereal, il existait un troisième frère, Varso Enaes, maître de la maison du roi don Manuel, et membre de son conseil privé. Il se disposa sur-le-champ à partir pour aller à la recherche de ses deux frères; mais ni ses prières ni ses instances ne purent obtenir le conseutement du roi; ce prince répliqua constamment que cette entreprise lui avait déjà coûté deux de ses plus fidèles serviteurs, de ses meilleurs amis, et qu'il avait résolu de conserver au moins le troisième. Il permit cependant qu'on expédiât d'autres vaisseaux à la recherche des deux Cortereal; mais ils revinrent sans apporter aucune nouvelle de ces infortunés navigateurs.

Malgré ces désastres, ces voyages produisirent pourtant de grands avantages au Portugal; ils donnèrent l'idée de former un établissement à Terre-Neuve, où la pêche employa pendant un certain temps deux à trois cents navires expédiés par les seuls ports de Viana et d'Aveiro. Mais quand le Portugal eut passé sous la domination de l'Espagne, son commerce languit, et sa marine fut détruite par les effets combinés de l'oppression dans l'intérieur, et de la guerre au-dehors. Aujourd'hui les ports d'Aveiro et de Viana sont, depuis bien long-temps, et par pure négligence, presque comblés par le sable et la vase, et ne peuvent plus admettre que de petits bâtimens.

La famille de Cortereal est éteinte depuis

long-temps ; mais elle fut, pendant bien des années, l'une des plus distinguées du Portugal. Elle était d'origine française, et portait autrefois le nom de *Costa* ou *Coste* : elle était venue en Portugal avec le comte Alphonse Henriquez, sous qui l'un des Costa servait lorsque Lisbonne et le Portugal furent conquis sur les Maures.

Cette famille s'établit dans l'Algarve; et, quand Jean Vaz da Costa (quelques-uns disent son père) vint à la cour de Portugal, il y vécut avec tant d'éclat et de grandeur, que le roi lui dit : « Votre présence à ma cour, Costa, en fait une cour réelle (*corte real*). »

D'autres disent que ce compliment lui fut adressé à cause d'un trait de prouesse qu'il fit dans une certaine occasion, et non de la manière magnifique dont il vivait. Deux étrangers ayant paru à la cour, et ayant, suivant l'usage de ce temps, défié quelqu'un des courtisans à la lutte ou au combat, Cortereal, qui ne portait pas encore ce nom, accepta sur-le-champ le défi, et offrit civilement la main à son adversaire avant le combat; mais Costa était doué d'une force prodigieuse, et il serra si fortement la main de l'étranger, que celui-ci, vaincu par la douleur, s'écria qu'il renonçait à combattre un homme d'une vigueur si extraordinaire. Le roi, dit on, fut si enchanté de ce trait, qu'il s'écria : « En vérité, Costa, votre présence fait de ma cour une *cour réelle* (1). »

(1) Mém. de littér. portug., vol. VIII. Lisbonne, 1812.

Essai, par Séb. Franç. Mendez Frigoso.

DEUXIÈME PARTIE.

Découvertes faites dans le nord pendant le seizième siècle.

CHAPITRE Ier.

AUBERT et JACQUES CARTIER. 1508 et 1534.

Voyage à Terre-Neuve. — Jacques Cartier découvre le golfe et le fleuve de Saint-Laurent. — Voyage de Roberval et du marquis de la Roche.

On peut dire que les Français sont en quelque sorte le seul peuple maritime de l'Europe qui ait vu, avec une indifférence manifeste, les efforts des autres nations pour découvrir un passage conduisant dans les Indes par le nord-est ou le nord-ouest. Ils profitèrent cependant, de très-bonne heure, des découvertes faites par les autres; car, dès le commencement du seizième siècle, nous voyons les Normands et les Bretons fréquenter les bancs de Terre-Neuve pour y pêcher. Un de ces navigateurs, nommé Aubert ou Hubert, partit de Dieppe en 1508, sur un vaisseau nommé la *Pensée*, dans le dessein, à ce qu'il paraît, de reconnaître les côtes de Terre-Neuve, dont il ramena un naturel à Paris; mais rien n'annonce que ce voyage eût pour but quelque autre découverte.

Celui de Jacques Cartier, en 1534, pourrait cependant être appelé un voyage de découvertes, entrepris avec le projet de trouver une route plus courte pour arriver dans les pays d'où l'Espagne tirait tant de richesses. La découverte qu'il fit, ou du moins qu'il réclama, fut celle du golfe et du fleuve de Saint-Laurent, quoique on ne puisse guère douter que Cortereal ne l'y eût précédé, et que l'on croie même généralement que Vélasco y avait été avant lui. L'origine du mot *Canada*, dont j'ai déjà parlé (1), a été attribué au voyage de Vélasco, peut-être aussi mal à propos qu'à celui de Cortereal. Mais on regardera probablement cette double étymologie comme trop forcée, et comme imaginée à plaisir. Cartier, dans la relation de son second voyage, en 1535, en donne une beaucoup plus vraisemblable, en disant qu'un assemblage de maisons ou une ville se nomme *Canada* dans la langue du pays (2).

Les voyages de Roberval et du marquis de la Roche, qui eurent lieu ensuite, n'avaient d'autre but que de découvrir des mines d'or, ou un lieu convenable pour établir une colonie sur la côte d'Amérique. Nous nous hâtons donc d'arriver à ces époques brillantes où l'esprit d'entreprise qui s'était manifesté en Angleterre, alla se déployer d'une manière si remarquable dans toutes les parties du globe ; mais, probablement, il ne se montra nulle part avec plus

(1) Prem. part., chap. 5, Cortereal.
(2) Dans son vocabulaire de la langue du pays, il appelle une ville *Canada*.—Hakluyt.

d'éclat que dans les mers boréales. Il s'efforça d'y pénétrer avec autant de hardiesse que de persévérance, quoiqu'il n'eût alors à sa disposition que de petits bâtimens assez frêles, sans cartes exactes, sans instrumens, sans moyens de sûreté, sans aucune connaissance préalable des contrées froides et inhospitalières qu'il allait explorer. C'était cependant avec ces faibles moyens que les navigateurs devaient se frayer un passage à travers d'immenses champs de glaces, entre lesquels les bâtimens se trouvaient souvent resserrés, et où d'immenses masses, connues sous le nom de montagnes de glaces, flottant au milieu des brumes épaisses, s'entre-choquant et se brisant, les menaçaient à chaque instant d'une destruction subite : néanmoins cet esprit d'entreprise avait poussé de si profondes racines dans le cœur des Anglais, que quelques-uns des hommes les plus instruits, les plus habiles, les plus recommandables de ce temps, non seulement accordèrent leur protection et des encouragemens aux expéditions qui se firent pour découvrir de nouvelles terres, mais s'empressèrent même, avec une vive ardeur, d'en partager la gloire et les dangers.

Il nous reste cependant à parler d'un voyage fait par une autre nation; mais les détails en sont si peu connus, qu'on est tenté de douter qu'il ait jamais existé. C'est celui d'un Espagnol, ou plutôt peut-être, à en juger d'après son nom, d'un Portugais qui essaya de découvrir dans le nord un passage aux Moluques. Ce qui rend encore plus probable l'opinion qu'il était Portugais, c'est qu'il avait accompagné Magellan dans son voyage autour de l'extrémité méridionale du continent de l'Amérique et dans le grand Océan. Nous allons donner, dans le chapitre suivant, le peu de renseignemens que nous avons pu recueillir sur Estevan ou Etienne Gomez.

CHAPITRE II.

ESTÉVAN GOMEZ. 1524.

Pénurie de renseignemens sur ce voyage. — Plaisante équivoque. — Craintes que conçoivent les Espagnols qu'on ne découvre un passage.—Expéditions de Cortez et de Cabrillo.

Les tentatives essayées par Jean et Sébastien Cabot, pour l'Angleterre; par les Cortereal, pour l'Epagne, et par Aubert ou Hubert, pour la France, pour faire des découvertes dans le nord, alarmèrent naturellement la jalousie des Espagnols, qui, par leurs riches possessions dans l'Orient, avaient le plus grand intérêt à ce que la route qui conduisait dans ces pays restât aussi difficile et aussi peu connue qu'il était possible. Les deux grandes routes que les deux Portugais, Vasco de

Gama et Magellan, avaient découvertes pour se rendre dans ces pays, étaient, il est vrai, bien longues, et, dans l'état où se trouvait alors l'art de la navigation, pas tout-à-fait exemptes de dangers. Cette circonstance n'aurait donc pas suffi pour exciter l'Espagne à se livrer à des recherches, si elle n'avait pas vu d'autres nations tâcher de découvrir un chemin plus court pour aller dans l'Inde et à la Chine par le nord. C'eût été la preuve d'une indifférence portée à l'extrême, que la nation la plus intéressée à s'ouvrir des communications promptes et faciles avec les riches contrées de l'Orient, eût été la dernière à profiter des découvertes déjà faites, et qui donnaient lieu d'espérer de si heureux résultats.

On voit, en conséquence, qu'en 1524, Estevan Gomez, que les historiens représentent comme un habile navigateur, fut chargé par l'Espagne de chercher, dans le nord de l'Océan atlantique, un passage aux îles Moluques, et qu'il partit de la Corogne. Gomez avait accompagné Magellan jusqu'à son entrée dans le détroit, au sud de l'Amérique. Ce voyage lui avait fait connaître les difficultés et la longueur de cette route. Il put donc estimer, par comparaison, les avantages que présenterait un passage à l'extrémité septentrionale de l'Amérique. Mais se dirigea-t-il vers Terre-Neuve, vers le Labrador ou vers quelque autre partie de ce continent, c'est ce qu'on ignore entièrement. Il est évident néanmoins qu'il revint sans rapporter aucune espérance d'un passage qui conduisît dans les mers orientales, s'étant contenté de ramener quelques naturels des côtes où il avait touché (1).

On dit qu'un de ses amis l'ayant vu à l'instant de son débarquement en Espagne, lui demanda s'il avait réussi dans son voyage, et ce qu'il rapportait. Gomez lui répondit laconiquement: « *Esclavos* (des esclaves). » L'autre ayant mal entendu, comprit qu'il avait rapporté une cargaison de *clavos* (clous

---

(1) Des cartes espagnoles du seizième siècle marquent une terre d'Etienne Gomez à la place de la Nouvelle-Angleterre. — Sprengel, Hist. des découvertes, pag. 28. (T.).

de girofle), et que par conséquent il avait atteint le but de son expédition. Il prit sur-le-champ la poste, dit Purchas, pour être le premier à annoncer cette nouvelle à la cour, espérant recevoir une grande récompense; mais la vérité ayant été connue, il ne réussit qu'à faire rire à ses dépens.

Nous n'avons que le témoignage de Gaspar, dans son Histoire des Indes, en faveur du voyage de Gomez, dont, comme l'observe Purchas, il ne nous reste qu'une plaisanterie.

Les Espagnols n'étaient pas moins alarmés sur les bords du grand Océan qu'en Europe. Cortez, conquérant et vice-roi du Mexique, avait été instruit de la tentative de Cortereal pour découvrir un passage au nord de l'Atlantique, dans le grand Océan; il savait que ce navigateur était entré dans un détroit auquel il avait donné le nom d'Anian. Sentant toute l'importance de cette découverte, il ne perdit pas un instant pour armer trois vaisseaux, sur lesquels il mit un nombreux équipage, et dont on dit qu'il prit le commandement en personne, quoiqu'ils fussent en apparence sous les ordres de Francisco Ulloa. Son but était de chercher l'ouverture de ce détroit dans le grand Océan, où il voulait empêcher d'entrer les Portugais et les autres Européens qui seraient tentés de profiter de ce passage. Tout ce qu'on sait de cette expédition de Cortez, c'est qu'il ne tarda pas à revenir sans avoir rencontré Cortereal, et sans avoir rien découvert qui pût faire supposer l'existence d'un passage du grand Océan dans l'Atlantique.

Quoique les efforts que l'on avait faits pour entrer dans le grand Océan par le nord n'eussent été rien moins que satisfaisans, ils n'en inquiétaient pas moins les Espagnols. En conséquence Mendoza, vice-roi du Mexique, envoya, en 1342, Coronado par terre, et Alarçon par mer, au nord, pour s'informer de la situation, et, s'il était possible, faire la découverte du détroit d'Anian, qu'on supposait alors être l'ouverture occidentale du passage dans la mer Pacifique; mais tous deux revinrent sans avoir rencontré rien qui pût faire croire à l'existence de ce détroit.

La cour de Madrid ne se contenta pas de ces preuves négatives; elle ordonna, deux ans après, une autre expédition dont le commandement fut confié à Juan Rodriguez de Cabrillo, Portugais au service d'Espagne. Il remonta la côte nord-ouest de l'Amérique jusqu'au 44.ᵉ degré de latitude, et donna le nom de cap Mendocino, en l'honneur du vice-roi, à la terre qu'il vit vers le 42.ᵉ degré. Le manque de provisions, les maladies qui se déclarèrent dans l'équipage, le mauvais état du navire, le mauvais temps et le froid excessif furent les motifs qu'il allégua pour ne s'être pas plus avancé au nord. On peut réellement s'étonner de ce que la nation espagnole, si entreprenante, et la première qui se fût solidement établie sur les côtes et dans les îles du grand Océan, ait été la dernière à tenter des découvertes au nord de cette mer.

CHAPITRE III.

LE DOMINUS VOBISCUM. 1527.

Nouveaux efforts de l'Angleterre pour découvrir un passage.—Défaut de renseignemens sur ce voyage.

Nous devrions peut-être éprouver moins de surprise de l'indifférence des nations maritimes de l'Europe pour les découvertes dans le nord, quand nous voyons que, malgré la manière libérale dont Henri VII et son successeur Edouard VII encouragèrent Sébastien Cabot, l'esprit d'entreprise paraît avoir dormi près de trente ans en Angleterre. Il ne reste du moins aucune trace de voyages entrepris durant ce période, soit par l'amour du gain, soit par l'espoir de découvertes. Cet esprit de hardiesse, qui porte à tenter des expéditions lointaines, n'avait pas encore agi sur le caractère mercantile de la nation pour l'exciter à s'engager dans le commerce étranger et à faire des découvertes qui pussent lui être profitables sous ce rapport. Les exploits de Cabot avaient fait si peu d'impression, ses sollicitations pour qu'on suivît ses découvertes avaient si peu excité l'attention du peuple et du gouvernement anglais, que ce grand navigateur paraît avoir quitté le pays et être entré au service d'Espagne, par suite du dégoût que lui causa cette indifférence. Il revint sous le règne d'Edouard VI, attiré par la promesse de la pension dont nous avons déjà parlé, ou, en termes généraux, de la protection spéciale du roi.

Quoique les marins anglais eussent déjà donné souvent des preuves de leur courage sur leur élément naturel contre leurs voisins du continent, on serait tenté de croire que les rois d'Angleterre et leurs conseillers ne connaissaient pas encore bien les avantages que l'on pouvait tirer du commerce extérieur et des entreprises lointaines, pour former une marine militaire. Le recueil d'Hakluyt a conservé un poëme dans lequel l'auteur se plaint de la manière dont la marine était négligée du temps de Henri VI, et fait l'éloge de la politique de tenir la mer, qui avait lieu du temps du merveilleux guerrier et victorieux prince le roi Henri V (1).

L'esprit de découverte et d'entreprise éclata enfin sous le règne d'Henri VIII, et atteignit toute sa force sous le gouvernement d'Elizabeth, qui sut l'encourager. Le premier voyage qui, à notre connaissance, fut entrepris par des Anglais seuls, eut lieu à la sollicitation de Robert Thorne, de Bristol, qui, dit-on, exhorta le roi Henri VIII, par de puissantes et solides raisons, à ordonner un voyage de découvertes jusqu'au pôle du nord. Ce voyage s'effectua, suivant les Chroniques de Hall et de Grafton; elles nous apprennent que le roi Henri VIII envoya deux beaux vaisseaux bien équipés et bien approvisionnés, et montés par des hommes habiles à la recherche de pays étrangers, et qu'ils sortirent de la Tamise le vingtième jour de mai de la dix-neuvième

(1) La politique anglaise exhortant toute l'Angleterre à tenir la mer, etc.—Hakluyt, T. I.

année de son règne, qui était l'année de notre Sauveur, 1527.

Hakluyt se donna beaucoup de peine pour découvrir quels étaient ces hommes habiles; tout ce qu'il put apprendre fut qu'un de ces beaux vaisseaux se nommait le Dominus vobiscum, et qu'un chanoine de Saint-Paul, de Londres, grand mathématicien et homme fort riche, le monta en personne; que, s'étant avancés fort loin, au nord-ouest, un des deux vaisseaux fit naufrage en entrant dans un golfe dangereux de la mer, qui se trouve entre la partie septentrionale de Terre-Neuve et *Meta incognita* ou le Groënland, et que l'autre revint en Angleterre vers le commencement d'octobre. « Et voilà, dit Hakluyt, tout ce que j'ai pu jusqu'ici apprendre ou découvrir de ce voyage, grâce à la grande négligence des écrivains de ce temps, qui auraient dû être plus soigneux à conserver la mémoire des faits glorieux de notre nation. »

CHAPITRE IV.

LA TRINITÉ ET LE MIGNON. 1536.

Voyage à Terre-Neuve — Détails curieux sur ce pays. — Famine à bord du bâtiment. — Repas de chair humaine. — Pillage d'un navire français. — Retour en Angleterre. — Justice rendue par Henri VIII aux Français qui avaient été pillés.

« Ce voyage, dit Hakluyt, fut entrepris par Hore, de Londres, homme d'une belle taille, d'un grand courage, et versé dans la connaissance de la cosmographie. » La faveur que le roi lui montra décida un grand nombre de personnes à l'accompagner dans un voyage de découvertes au nord-ouest de l'Amérique ; plusieurs appartenaient aux cours de justice, à la chancellerie et à d'autres professions honorables, et avaient pour motif de départ le désir de voir des pays étrangers. Le nombre de ceux qui s'embarquèrent sur les deux grands navires de l'expédition fut de cent vingt, dont trente étaient des hommes bien nés. Ils furent tous passés en revue, comme des soldats, à Gravesend; et, après avoir reçu le Saint-Sacrement, ils mirent à la voile à la fin d'avril 1536.

Après une ennuyeuse traversée de deux mois, ils arrivèrent sans accident au Cap-Breton. Se dirigeant de là au nord-ouest, ils touchèrent à l'île des Pingouins, île pleine de pierres et de rochers, où ils trouvèrent une grande quantité d'oiseaux couverts d'un plumage gris et blanc, et des œufs en abondance. Ils écorchèrent ces oiseaux, et en trouvèrent la chair bonne et nourrissante. Il y avait aussi sur cette île beaucoup d'ours, tant noirs que blancs, et cette ressource n'était pas à dédaigner, car leur chair n'était pas mauvaise.

Olivier Dawbeney, négociant de Londres, qui avait fait ce voyage sur le Mignon, raconta les détails suivans à Hakluyt :

« On était depuis quelques jours à l'ancre, près d'une baie, sur la côte de Terre-Neuve, sans avoir vu aucun des naturels du pays, lorsque Dawbeney, se promenant un jour sur le pont du navire, aperçut une pirogue remplie de sauvages qui sortait de la baie et s'avançait à la rame vers le Mignon, afin de l'examiner, ainsi que les hommes qui le montaient. Dawbeney appela ses compagnons qui étaient en bas, leur criant de monter sur le pont s'ils voulaient voir les naturels du pays, comme ils le désiraient si vivement et depuis si long-temps. Ils montèrent aussitôt, et virent les sauvages qui continuaient à avancer vers le bâtiment. Les Anglais mirent alors un canot en mer pour aller à leur rencontre et s'en emparer. Mais ceux-ci, dès qu'ils s'aperçurent que le canot s'approchait d'eux, prirent la fuite avec une vitesse extrême, et se sauvèrent dans une île qui se trouvait dans la baie ou la rivière. Nos gens les y poursuivirent, mais les sauvages s'échappèrent. On trouva un feu allumé et un quartier d'ours percé d'une broche de bois, qu'ils avaient laissé en cet endroit.

» On trouva aussi dans le même lieu une botte de cuir, garnie à l'extérieur d'espèces de franges qui semblaient être de soie écrue, ainsi qu'une sorte de gant très-grand et très-chaud ; nos gens les emportèrent, et revinrent au navire sans avoir pu joindre les sauvages, et sans avoir vu autre chose que le sol et ce qui y croissait ; c'étaient principalement des pins et des sapins.

» Tandis qu'ils étaient en cet endroit, ils souffrirent beaucoup du manque de vivres, et ne trouvèrent guère d'autre ressource que le nid d'une orfraie qui apportait, à toute heure, à ses petits, une grande quantité de poissons ; mais la famine augmentait tellement parmi eux de jour en jour, qu'ils étaient obligés de chercher des herbes et des racines pour s'en nourrir. La disette croissant encore, et les herbes qu'on trouvait çà et là dans le désert ne suffisant pas pour appaiser la faim, l'un tuait l'autre, tandis qu'il se baissait pour arracher des racines, et, coupant des morceaux de sa chair, la faisait cuire sur des charbons, et la dévorait avidement.

« On s'aperçut que le nombre des hommes de l'équipage diminuait ; mais les officiers ne savaient ce qu'étaient devenus ceux qui manquaient. Heureusement un d'eux, forcé aussi par la faim de chercher de la nourriture dans les champs, sentit une odeur de viande grillée. Il découvrit un Anglais qui préparait son repas, et lui reprocha, en termes fort durs, de laisser périr de besoin ses camarades, tandis qu'il était dans l'abondance. « Eh bien, sachez donc, lui répondit celui-ci, puisque vous voulez le savoir, que cette chair est un morceau de la cuisse d'un tel. » Le rapport en ayant été fait au capitaine, il devina ce qu'étaient devenus les hommes qui lui manquaient, et fut convaincu que la plupart n'avaient été ni dévorés par les bêtes féroces, ni tués par les sauvages. Il fit aussitôt assembler les autres, et leur adressa un discours énergique pour leur remontrer combien ils offensaient le ciel par de telles actions ; il leur cita les Ecritures, en preuve de tout ce que Dieu avait fait, dans des cas de détresse semblable, pour soulager ceux qui l'avaient imploré, et leur dit que le pouvoir du Tout-Puissant n'était pas moindre qu'autrefois. Il ajouta que s'il ne plaisait pas à Dieu de les soulager dans leur misère, il valait mieux que leur corps pérît pour vivre ensuite éternellement, plutôt que d'avoir soulagé momentanément un corps mortel, pour être condamné à souffrir à jamais en corps et en ame le feu inextinguible de l'enfer. Il commença alors à les exhorter au repentir, et ordonna une prière générale pour que Dieu voulût bien jeter les yeux sur leur état déplorable, et les soulager dans sa merci.

« La famine augmentant toujours, on convint que, plutôt que de périr tous, il valait mieux tirer au sort à qui serait tué. Mais telle fut la bonté de Dieu, que, dans la même nuit, il arriva un bâtiment français bien pourvu de vivres, et telle fut la politique des Anglais, qu'ils s'en rendirent maîtres, et, changeant de navire avec eux et leur laissant des vivres, ils mirent à la voile pour l'Angleterre.

« Ils allèrent si loin au nord dans ce

voyage, qu'ils virent, en plein été, d'énormes îles de glaces, sur lesquelles des faucons et d'autres oiseaux s'arrêtaient pour se reposer, lorsqu'ils étaient fatigués de voler à une grande distance de la terre. Ils virent aussi de grands oiseaux blancs, à bec et pattes rouges, un peu plus grands que des hérons, et qu'ils prirent pour des cigognes.

« Ils arrivèrent à Saint-Yves, dans le comté de Cornouailles, vers la fin d'octobre, puis se rendirent dans un château appartenant à sir John Luttrel. Thomas Buts, Rastall et les autres voyageurs, y furent accueillis avec amitié. De là ils allèrent chez le comte de Bath, à Bath, ensuite à Bristol, et enfin à Londres. Buts était si changé, parce qu'il avait souffert de la fatigue et de la famine, que son père et sa mère ne le reconnurent pour leur fils qu'après avoir vu une marque secrète qu'il portait, et qui était une espèce de verrue à un de ses genoux, comme il me le dit lui-même, à moi Richard Hakluyt d'Oxford, qui fis deux cents milles pour apprendre de lui la vérité de ce voyage, attendu qu'il est le seul qui reste envie de tous ceux qui montèrent ce navire.

« Quelques mois après, les Français à qui l'on avait pris leur navire vinrent en Angleterre, et adressèrent une plainte à Henri VIII. Le roi fit examiner l'affaire ; et, reconnaissant que la détresse extrême de ses sujets avait été la seule cause de leur conduite fautive, il fut tellement ému de pitié, qu'il leur pardonna, et, de sa propre bourse, indemnisa pleinement et royalement les Français. »

CHAPITRE V.

Sir HUGUES WILLOUGHBY. 1553.

Départ de sir Hugh Willoughby avec neuf bâtimens. — Navires doublés en plomb. — L'équipage de deux de ces bâtimens est retrouvé gelé en Laponie un an après le départ. — Détails sur sir Hugh Willoughby. — Aventure de Richard Chancelor sur un autre bâtiment de cette escadre. — Il se rend par terre en Moscovie. — Lettre que lui donne le czar pour le roi d'Angleterre.

Pendant la première moitié du seizième siècle, les négocians anglais qui s'occupaient du commerce extérieur se bornèrent à quelques relations avec les villes de la Flandre et avec l'Irlande, et à quelques voyages pour la pêche sur les bancs de Terre Neuve. On a vu plus haut que le zèle de Cabot pour la nation qui l'avait adopté, réussit enfin à inspirer aux Anglais le goût des entreprises lointaines (1).

Ce fut à sa suggestion qu'on entreprit, en 1553, un voyage dont le but était de découvrir un passage au nord-est pour aller au Cathay. Les instructions qu'il rédigea en cette occasion lui font infiniment d'honneur, tant par la correction du style que par l'élévation et la pureté des sentimens qu'il y manifeste (2).

Les vaisseaux expédiés pour ce voyage de découvertes furent au nombre de trois : la *Bona Esperanza*, amiral, du port de cent vingt tonneaux, commandée par sir Hugh Willoughby, capitaine général de la flotte; l'*Edouard Bonaventure*, de cent-soixante tonneaux. Richard Chancelor, capitaine et pilote major de la flotte, en était le commandant, et avait sous lui Etienne Burough pour capitaine du bâtiment : enfin, la *Bona Confidentia*, de

(1) *Voy.* ci-dessus, chap. IV.

(2) Ordres, instructions, etc., par M. Sébastien Cabot.—Hakluyt, Tom. I.

quatre-vingt-dix tonneaux, capitaine Cornelius Durforth. Il y avait trente-cinq hommes, y compris six commerçans, sur le premier navire; cinquante, y compris deux commerçans, sur le second, et vingt-huit, dont trois négocians, sur le troisième. Chacun de ces bâtimens avait sous ses ordres une pinasse et un cutter.

Cette expédition étant la première qui eût été préparée avec tant de soin pour aller faire des découvertes, excita le plus vif intérêt à la cour et dans la capitale; ceux qui en avaient donné l'idée comptaient tellement que les navires arriveraient dans les mers de l'Inde, qu'ils les firent doubler en plomb, parce qu'on leur avait dit que, dans ces parages, les vers attaquaient et détruisaient le doublage en bois (1). Ce furent probablement les premiers bâtimens anglais qui furent doublés d'une substance métallique (2).

(2) Relation du voyage de Clément Adams. — Hakluyt, Tom. I.

(2) Le doublage en plomb fut en usage jusqu'au règne de Charles II; on cessa de s'en servir, parce

D'après la relation de ce voyage, écrite par Clément Adams, précepteur des pages de la reine, il paraît que beaucoup de personnes fort expérimentées se mirent sur les rangs pour obtenir le commandement de l'escadre; mais sir Hugh Willoughby, homme distingué par sa naissance et son courage, fut préféré à tous les autres, tant à cause de sa bonne mine (car il était de grande taille) qu'à cause de son expérience consommée dans les affaires de la guerre. Le 20 mai, jour auquel l'escadre devait partir de Ratcliffe, chacun fit ses adieux; puis les bâtimens descendirent à Gren-

---

qu'il s'usait inégalement et offrait des intervalles par lesquels les vers pouvaient s'introduire : on le remplaça par le doublage en bois. En 1708, on fit, au bureau de la marine, la proposition de doubler les vaisseaux en cuivre, ce qui fut rejeté, sans même en faire l'essai. Environ soixante ans après, on en fit l'expérience, et le rapport fut favorable. Cependant il est si difficile de faire adopter une nouveauté, que, dix ans après, dans la flotte de l'amiral Keppel, il n'y avait qu'un seul vaisseau de ligne qui fût doublé en cuivre. (Mém. manuscrits de la marine.)

wich où la cour était alors, et où ils furent remorqués par les cutters. Tous les équipages étaient vêtus en bleu de ciel. Les courtisans et le peuple en foule accoururent sur le rivage pour les voir; les membres du conseil privé étaient à la fenêtre, d'autres étaient montés sur le haut des tours. Les vaisseaux firent une décharge de leurs pièces de canons, suivant l'usage de la guerre et de la marine, de manière que les montagnes en retentissaient; les vallées et les eaux répétaient ce bruit, et les marins poussèrent de tels cris qu'ils montèrent jusqu'au ciel.

Le résultat de ce voyage qui donnait de si belles promesses, fut singulièrement désastreux. Willoughby et ses braves compagnons composant l'équipage de son bâtiment et de la *Bona Confidentia*, au nombre de 70 personnes, périrent tous de froid ou de faim, ou peut-être par suite des deux causes réunies, dans une partie stérile et inhabitée de la Laponie orientale, à l'embouchure d'une rivière nommée Arzina, et à peu de distance du havre de Kegor. Leurs vaisseaux et leurs cadavres furent découverts l'année suivante par des pêcheurs russes; et, d'après quelques papiers qui se trouvèrent dans le vaisseau amiral, surtout par la date du testament de Willoughby, il paraît qu'il vivait encore, ainsi que la plus grande partie des deux équipages, en janvier 1554. Ils étaient arrivés, le 18 septembre précédent, à la bouche de l'Arzina. Aucune relation n'a donné les détails de leurs aventures et de leurs souffrances, ce qui est assez étonnant, puisque de simples matelots anglais, hollandais et russes, qui, à différentes époques, ont passé l'hiver dans des latitudes beaucoup plus hautes, ont tenu des journaux réguliers. Celui de Willoughby est extrêmement maigre; il se termine après son entrée dans l'Arzina, et ne contient que le paragraphe suivant qui soit relatif à la triste situation où il se trouvait :

« Etant dans ce havre depuis une semaine, voyant l'année bien avancée, éprouvant force grêle, neige et gelée, comme si c'eût été le cœur de l'hiver, nous jugeâmes convenable de passer ici cette saison. Nous envoyâmes donc trois hommes dans la direction du sud-sud-ouest, pour voir s'ils trouveraient quelque endroit habité; mais ils revinrent après un voyage de trois jours, sans en avoir rencontré. Trois autres marchèrent vers l'ouest, et, pendant quatre jours, ne virent pas un seul habitant. Enfin nous en envoyâmes encore trois vers le sud-est, et ils revinrent sans avoir trouvé ni hommes, ni la moindre chose qui ressemblât à une habitation (1). »

(1) Il est étonnant, dit Pennant, qu'on ait conservé si peu de détails sur un homme si illustre que sir Hugues Willoughby. Il paraît qu'il était fils de sir Henri Willoughby, chevalier baronnet, par sa troisième femme, Hélène, fille de John Egerton de Wrine-Hall, en Cheshire. Sir Hugues épousa Jeanne, fille de sir Nicolas Shelley, de Shelley, comté de Nottingham. Il en eut un fils nommé Henri, sur lequel je n'ai découvert aucuns renseignemens. Cette famille était originaire de Riseley, comté de Derby. Sir Hugh est qualifié, par Cambden, de Willoughby de Riseley. Ses ancêtres transférèrent ensuite leur résidence à Wollaton, comté de Nottingham, superbe et respectable demeure de lord Middleton, dans la famille duquel elle passa par le mariage d'un de ses ancêtres, sir Perceval

Richard Chancelor, qui montait l'*Edouard Bonaventure*, eut un destin plus heureux ; il réussit à gagner Vardhuus en Norvège, rendez-vous de la petite escadre. Il y attendit inutilement ses compagnons pendant sept jours, et se préparait à partir quand il rencontra certains Ecossais qui l'engagèrent vivement à ne pas aller plus loin, lui exagérant les dangers de l'entreprise, et faisant tous leurs efforts pour l'en dissuader ; mais il n'était pas homme à se laisser décourager par les discours et les paroles des Ecossais, et il résolut courageusement d'accomplir

Willoughby, avec Brigitte, fille et unique héritière de sir François Willoughby, dernier chef de cette noble race. On y voit le portrait en pied du célèbre sir Hugh, portant des culottes très-larges, suivant la coutume du temps, dans une chambre tapissée en velours, dans laquelle est une table couverte de même étoffe, et un superbe tapis. Sa maigreur fit dire au domestique qui nous le montra : « Il est représenté tel qu'il a été trouvé, mort de faim. » Ce rapport trivial est tout ce qui reste d'un si grand nom. (1).

(1) Pennant, Arct. zool. Suppl.

l'objet de son voyage, ou de mourir. Il mit donc à la voile; et, se dirigeant vers cette partie inconnue du monde, il avança si loin, qu'il arriva dans un endroit où il n'y avait plus de nuit, le soleil dardant continuellement ses rayons sur la vaste mer.

Enfin il entra dans une grande baie; et, voyant une barque de pêcheurs, il leur demanda de quel pays ils étaient, et quelle était leur manière de vivre; mais ces pêcheurs prirent l'alarme et s'enfuirent. On les poursuivit, et l'on s'en empara. Tombant alors aux genoux de Chancelor, ils voulurent lui baiser les pieds. Ils répandirent ensuite dans leur pays la nouvelle de l'arrivée d'un peuple étranger singulièrement poli et courtois. Les habitans apportèrent des vivres en présens, et un commerce fut établi sur-le-champ avec eux, sans qu'ils montrassent aucune crainte.

Les Anglais apprirent alors que le pays se nommait la Russie ou la Moscovie, et son souverain Jean Vasilovich, qui régnait sur une étendue de terre fort considérable. On commença une négociation, dont le résultat fut que Chancelor entreprit et exécuta un voyage par terre de près de quinze cents milles, jusqu'à une ville nommée Mosco. Il y fut bien reçu, et c'est à sa conduite sage et discrète que l'Angleterre doit la fondation solide de son commerce avec la Russie, qui, depuis cette époque, a continué presque sans interruption.

La première entrevue de Chancelor avec le czar de Mosco est extrêmement curieuse. Il fut accueilli, ainsi que sa suite, avec toutes sortes de distinctions, et invité à une fête splendide, à laquelle assistèrent le czar et tous les seigneurs de sa cour. L'or, l'argent et les joyaux qui brillaient sur leurs riches vêtemens frappèrent d'étonnement les Anglais. Le czar les reçut, la première fois, avec une dignité hautaine; mais Chancelor ne le salua que de la manière en usage à la cour d'Angleterre. A la seconde visite, le prince les traita plus familièrement; il les fit approcher de sa table, et leur présenta à boire de sa propre main. Empoignant ensuite la barbe de George Killingworth, qui tombait jusque sur la table, il la montra au métropolitain en riant ; et celui-ci semblant la bénir, dit en russe : C'est un don de Dieu. Effectivement, elle etait épaisse, touffue et de couleur jaune, et avait près de cinq pieds de longueur. Peu de temps après, Chancelor fut envoyé à Arkhangel, accompagné d'une escorte : il était porteur d'une lettre du czar pour Edouard VI. Il partit de ce port le printemps suivant, et arriva heureusement en Angleterre sans rencontrer de nouveaux dangers.

CHAPITRE VI.

RICHARD CHANCELOR et ÉTIENNE BUROUGH. 1555 et 1556.

Voyage en Moscovie.—Arrivée à la Nouvelle-Zemble.—Ile de Waigatz.—Idoles des Samoïèdes. — Le czar envoie des ambassadeurs à Londres. — Naufrage de tous les vaisseaux.—L'ambassadeur se sauve presque seul.

Le retour de Chancelor en Angleterre, avec une lettre adressée à Edouard VI par le czar Ivan Vasilievitz, joint à la perspective des grands profits que faisait espérer le commerce futur avec un pays aussi vaste que la Russie, consolèrent des accidens arrivés à une partie des vaisseaux de l'expédition, qui d'ailleurs avait manqué son premier but. Philippe et Marie, qui étaient alors sur le trône, accordèrent volontiers une nouvelle charte à la compagnie des commerçans armateurs, et en nommèrent Sébastien Cabot gouverneur à vie. Ils chargèrent Richard Chancelor George Killingworth et Richard Gray de porter une lettre de leur part au czar de Moscovie, et de traiter avec lui des priviléges qu'il lui plairait d'accorder à cette nouvelle compagnie.

L'*Edouard Bonaventure* et le *Philippe et Marie* furent les vaisseaux chargés de transporter les trois commissaires à Arkhangel: une escorte d'honneur accompagna ceux-ci jusqu'à Moscou. Ils furent très-bien reçus dans cette capitale, et leur voyage réussit en tout point; mais, quoique le commerce en fût le motif immédiat, il n'en était pas l'unique objet. Par un article de leurs instructions, il leur avait été particulièrement recommandé d'employer tous les moyens possibles pour savoir comment on pouvait passer de Russie dans le Cathay, soit par terre, soit par mer. La compagnie était même si empressée de continuer ses efforts pour découvrir un passage de la mer du nord dans celle des Indes, que, sans attendre le résultat du second voyage de Chancelor, elle résolut, l'année suivante, de fréter un petit navire pour faire des découvertes par mer, à l'est, et Étienne Burrowe ou Burough fut nommé commandant du *Serchthrift*, pinasse équipée pour ce dessein.

Le 27 avril, ce bâtiment étant à Gravesend et prêt à mettre à la voile, le gouverneur, accompagné de plusieurs personnes des deux sexes, se rendit à bord, et le bon vieux M. Cabot fit de libérales aumônes aux pauvres, après quoi il alla dîner avec tous ses amis à l'enseigne de Saint-Christophe, et il me fit grand'chère, ainsi qu'à toute la compagnie, tant il était content en songeant à la découverte que nous allions tâcher de faire, au point qu'il se mit à danser lui-même avec toute la jeunesse joyeuse.

Burough partit de Gravesend le 29, doubla, le 23 mai, le Cap-Nord, ainsi nommé lors du premier voyage; entra, le 9 juin, dans la rivière de Cola, et en détermina la latitude à 65° 48′.

Un de ces bâtimens russes, nommé *Lo-*

dias, ayant un chargement pour la Petchora, servit de guide au Serchthrift jusqu'à cette rivière, où ils arrivèrent le 15 juillet. En avançant à l'est, Burough rencontra une si grande quantité de glaces, qu'il en fut entouré avant de pouvoir s'en douter; spectacle effrayant à voir. Sous le 70° 15′ de latitude, il trouva encore des montagnes de glace; mais, le 25, il vit un objet qui paraît lui avoir inspiré encore plus de terreur que la glace; c'était une baleine, la première que les navigateurs anglais eussent rencontrée. Voici comment Burough raconte l'impression qu'elle produisit sur l'équipage :

« Le jour de Saint-Jacques nous étions, à midi, sous la latitude de 70° 20′; le soleil commençant à baisser, nous vîmes une monstrueuse baleine si près du navire, que nous aurions pu la percer avec un sabre ou quelque autre arme, ce que nous n'osâmes faire, de crainte qu'elle ne submergeât notre bâtiment. J'appelai mes compagnons, et nous poussâmes tous ensemble un grand cri, qui fit fuir la baleine. Son dos était élevé au-dessus de l'eau de toute la largeur de notre pinasse, et, quand elle plongea, elle fit dans la mer un bruit si terrible, qu'on en aurait été épouvanté si l'on n'en avait pas connu la cause ; mais, grâce à Dieu, nous en fûmes délivrés sans danger. »

Le même jour, Burough aperçut une île qu'il nomma l'*île Jacques*. Il y trouva un bâtiment russe qu'il avait vu dans la rivière de Cola, et qui lui dit que la terre devant eux se nommait la *Nouvelle Zemble*, ou la nouvelle terre. Le 31, il arriva à l'île de *Waigatz;* il y communiqua avec plusieurs bâtimens russes ; ils apprirent que le peuple qui habitait les grandes îles voisines se nommait *Samoïèdes;* qu'ils n'avaient point de maisons et qu'ils demeuraient sous des tentes faites de peaux de rennes. En allant à terre, il y vit un grand amas d'idoles des Samoïèdes, au nombre d'au moins trois cents, qui représentaient des hommes, des femmes et des enfans : elles étaient grossièrement travaillées; la bouche et les yeux de plusieurs étaient teints de sang ; quelques-unes ne consistaient qu'en un vieux bâton avec deux ou trois entailles.

Burough resta dans ces parages jusqu'au 23 août, sans pouvoir aller plus loin, à cause du vent qui soufflait constamment du nord et du nord-est, du mauvais temps et de la grande quantité de glaces. Le 10 septembre, il aborda à Colmagro, où il passa l'hiver. En 1557, il revint en Angleterre, et par la suite fut nommé contrôleur de la marine royale.

Cependant le czar Jean Vasilievitz fit partir Osep Napea en qualité d'ambassadeur près la cour de Londres. Cet envoyé s'embarqua le 20 juillet 1556, à bord de l'*Edouard Bonaventure*, que commandait Chancelor, et qui était accompagné de trois autres vaisseaux, la *Bona Sperança*, le *Philippe et Marie*, et la *Confidentia*. Ce voyage en retour ne fut qu'une suite de désastres. La *Confidentia* fit naufrage sur les côtes de Norvège, et périt corps et biens. La *Bona Speranza* passa l'hiver à Drontheim, et fit naufrage en retournant en Angleterre. Enfin, l'*Edouard Bonaventure*, après avoir été quatre mois en mer, fut jeté sur la côte orientale d'Ecosse, dans la baie de Pitsligo, le 10 novembre 1556. On ne sauva qu'avec beaucoup de peine l'ambassadeur et quelques personnes de sa suite; Chancelor fut noyé avec la plupart des hommes de son équipage.

L'ambassadeur fut conduit à Londres en grande pompe, et depuis ce temps la liaison entre les deux nations se resserra chaque année davantage. Les négocians anglais qui faisaient le commerce avec la Russie l'étendirent bien au-delà des confins de ce vaste empire; mais comme leurs découvertes eurent lieu par terre, elles n'entrent pas dans le plan de cet ouvrage.

CHAPITRE VII.

MARTIN FROBISHER.

§. I.er

PREMIER VOYAGE. 1576.

Prétendue découverte d'un passage au nord-ouest par Urdanieta.—Autre par Martin Chacque.—Départ de Frobisher avec deux petits bâtimens.—Découverte du détroit qui porte son nom.—Entrevue avec les naturels. — Espérances de mines d'or.

Tandis qu'on faisait ainsi des progrès rapides au nord-est, par terre et par mer, sous les auspices de la compagnie de Russie, la question d'un passage au nord-ouest autour de la côte septentrionale de l'Amérique pour arriver au Cathay et aux Indes orientales, se renouvelait avec plus d'ardeur que jamais. La plume des hommes les plus instruits d'Angleterre s'occupait à démontrer l'existence, la possibilité et les grands avantages d'un tel passage. Sir Humphrey Gilbert et Richard Willes, entre autres, publièrent à ce sujet des dissertations très-savantes et très-ingénieuses. Celle du premier surtout qui contient des raisonnemens fort curieux en faveur de cette opinion, était faite pour répandre parmi ses concitoyens le désir des recherches et des découvertes. Quoiqu'elle paraisse n'avoir été imprimée qu'en 1576, année dans laquelle Frobisher fit son premier voyage, elle avait été écrite bien des années auparavant, pendant que Gilbert servait en Irlande, et elle était incontestablement connue de ceux qui décidérent le voyage de Frobisher.

En cherchant à démontrer l'existence d'un passage conduisant de l'Océan Atlantique dans le grand Océan, Gilbert rapporte « qu'un don Salvaterra, de Vittoria en Espagne, était venu des Indes occidentales en

Irlande en 1568, et qu'il lui avait assuré que, d'après l'opinion généralement répandue en Amérique, ce passage existait au nord-ouest. Il ajouta même, en présence de sir Henri Sydney et de sir Henri Gilbert, qu'un moine de Mexico, nommé André Urdanieta, lui avait dit, huit ans auparavant (c'est-à-dire avant 1560), qu'il était venu de la mer du sud en Allemagne par ce passage nord-ouest, et il fit voir à Salvaterra, qui était alors avec lui au Mexique, une carte marine dressée par lui-même pendant ce voyage, où était clairement tracé ce passage nord-ouest d'une manière conforme, dans tous les points, à la carte d'Ortélius. »

« Que de plus ce moine, comme il retournait dans sa patrie par le Portugal, dit au roi de ce pays que ce passage existait bien certainement au nord-ouest, et qu'il avait dessein d'en publier la carte; sur quoi le roi lui avait vivement recommandé de n'en rien faire, et de ne découvrir à aucune nation l'existence d'un tel passage, attendu que si l'Angleterre venait à le connaître et à le fréquenter, il en résulterait une grande perte pour le roi d'Espagne et pour lui. Ce religieux, suivant le rapport de Salvaterra, avait de grandes connaissances dans les mathématiques et la navigation. Salvaterra, bien convaincu de l'existence de ce passage, d'après le témoignage d'Urdanieta et l'opinion générale des Espagnols qui habitaient l'Amérique, s'offrit volontairement de s'embarquer avec moi pour entreprendre cette découverte, proposition qu'il n'aurait probablement pas faite s'il lui était resté le moindre doute. »

« Cet Urdanieta était avec Magellan, lorsque celui-ci découvrit le passage qui porte son nom. Plusieurs années après, il entra dans les ordres sacrés, et se fixa dans la Nouvelle-Espagne. Il fut ensuite chargé par le roi de remplir les fonctions de pilote sur l'escadre de Légaspi qui alla aux Philippines en 1564. La carte dont se servent maintenant ou dont se servaient encore il y a peu de temps les bâtimens qui font le commerce de Manille est, dit-on, celle d'Urdanieta. »

On peut assurer positivement que dans

aucun auteur espagnol on ne trouve la moindre mention de la découverte attribuée par Salvaterra à Urdanieta. Mais comme le récit du moine ou de celui qui le citait ne pouvait à cette époque être traité, en Angleterre, de fable inventée à plaisir, et qu'au contraire il ne paraissait pas invraisemblable, il aiguillonna l'esprit d'entreprises, en offrant à la persévérance l'espoir d'un succès certain. Une autre relation du même genre se répandit ensuite ; et, quoique entièrement fausse, elle donna aussi de nouvelles espérances.

Un marin anglais, Thomas Cowler, de Badminster, dans le Somersetshire, déclara, sous la foi du serment, qu'étant à Lisbonne en 1575, un marin portugais, nommé Martin Chacque, avait lu, dans un livre de sa composition publié six ans auparavant, un passage dans lequel il affirmait qu'en 1567, il était parti de l'Inde pour le Portugal sur un petit bâtiment d'environ quatre-vingts tonneaux, de compagnie avec quatre grands bâtimens dont il fut séparé par un coup de vent de l'ouest ; qu'ayant traversé un grand nombre d'îles, il entra dans un golfe qui le conduisit dans la mer Atlantique par le 59° de latitude nord, près de l'île de Terre-Neuve, d'où il continua sa route, sans voir aucune terre, jusqu'à ce qu'il fût arrivé à la hauteur du nord-ouest de l'Irlande; que de là il avait fait route pour Lisbonne où il était entré plus d'un mois avant les quatre autres navires avec lesquels il était parti.

Soit que Frobisher eût entendu parler de ce rapport qui semblait constater l'existence d'un passage, soit que ses espérances ne fussent fondées que sur la connaissance qu'il avait de la sphère, sa science et son expérience dans toutes les branches de la navigation, il est certain que, d'après sa persuasion, ce voyage était non seulement possible, mais facile à exécuter. Il ne lui fut pourtant pas si aisé de faire entrer ses amis dans ses vues; mais comme c'était la seule chose qui restât à faire dans le monde pour une ame noble qui voulait s'illustrer, il persévéra pendant quinze ans dans un projet qu'il avait conçu et médité depuis si long-temps, sans pouvoir trouver les moyens de le mettre à exécution.

Enfin, en 1576, grâce aux secours et à la protection de Dudley, comte de Warvick, et de quelques amis, il se trouva en état d'équiper deux petits bâtimens, le *Gabriel* de trente-cinq tonneaux, et le *Michel* de trente, ainsi qu'une pinasse de dix. Avec cette petite escadre, il se prépara pour son importante expédition, et, le 8 juin, il passa devant Greenvich où la cour était alors. La reine Elisabeth lui fit ses adieux, d'une croisée, par un signe de main. Le 11 juillet, il eut vue de la *Frislande* dont les pointes de montagnes s'élevaient comme de nombreux clochers, et toute couverte de neiges. Cette île, dont la position a tellement embarrassé les géographes, ne pouvait être la Frislande de Zeno; mais, puisqu'elle était par le 61° de latitude, c'était évidemment la partie méridionale du Groënland.

Les glaces dont la mer était couverte obligèrent Frobisher de se diriger au sud-ouest; il arriva près du Labrador dont il suivit la côte en allant à l'ouest; mais il ne put, ni aborder à terre, ni même sonder, à cause de la glace. Ayant fait route au nord, il rencontra une grande île de glace qui se brisa avec fracas, comme si un rocher fût tombé dans la mer. Il entra ensuite dans un détroit par 63° 8' de latitude. Ce détroit, auquel on donna son nom, parce qu'il l'avait découvert le premier, est le même qui fut ensuite nommé l'*Entrée de Lumley*, au-dessus du détroit d'Hudson. Les géographes ont supposé long-temps que le *détroit de Frobisher* coupait la partie méridionale du Groënland; enfin, Dalrymple démontra l'erreur de cette supposition.

Dans les canaux qui séparaient les îles nombreuses dont ce détroit était rempli, Frobisher découvrit un grand nombre de petites choses qui flottaient au loin sur la mer, et qu'il prit pour des marsouins, des phoques, ou quelques poissons inconnus; mais quand il en approcha, il reconnut que c'étaient des hommes dans de petits canots couverts de peaux. Il dit qu'ils ressemblent aux Tartares, ayant de longs cheveux noirs, le visage large, le nez plat et la peau basanée. Les hommes et les femmes portent des vêtemens de peau de veau marin, sans différence dans la façon; mais les femmes ont des raies bleues sur les joues et autour des yeux. Les naturels approchèrent du vaisseau avec quelque hésitation; enfin, l'un d'eux entra dans la chaloupe et monta à bord. Frobisher, lui ayant fait présent d'une sonnette et d'un couteau, le renvoya dans la chaloupe avec cinq hommes de l'équipage, leur recommandant de le débarquer sur un rocher, et de ne point se hasarder sur le rivage où l'on voyait les naturels assemblés en grand nombre; mais ils désobéirent à ses ordres, les sauvages s'emparèrent d'eux et de la chaloupe, et l'on n'en eut plus aucune nouvelle.

Quelques jours après, en revenant au même endroit, on remarqua que les naturels se tenaient à l'écart. Frobisher réussit pourtant à en attirer un près du bâtiment, en sonnant une clochette et en la lui montrant; et, quand ce sauvage tendit la main pour la recevoir, il le saisit par le poignet, et le fit passer sur le navire, ainsi que son canot. Sur quoi, quand ce sauvage se vit en captivité, il se coupa de rage la langue avec les dents. Il n'en mourut pourtant pas, et il arriva en Angleterre, où il mourut d'un rhume qu'il avait gagné sur le vaisseau. Ayant à bord cet infidèle dont on n'avait jamais vu le pareil, et dont le langage n'était connu de personne, Frobisher mit à la voile pour l'Angleterre, et arriva à Harwich le 2 octobre, comblé d'éloges de tout le monde pour sa grande et notable entreprise, et célèbre surtout par l'esperance qu'il rapportait de la découverte d'un passage pour se rendre au Cathay.

Cette espérance se serait pourtant probablement refroidie, sans une circonstance accidentelle à laquelle on n'avait pas fait attention pendant le voyage. Parmi les objets que les hommes de l'équipage avaient rapportés pour pouvoir montrer quelque chose du pays où ils avaient été, l'un d'eux avait une grosse pierre ressemblant beaucoup au charbon de terre par la couleur. Un morceau de cette pierre noire ayant été donné à la femme d'un de ces aventuriers, elle le jeta par hasard dans le feu; et, soit par accident, soit par curiosité, y ayant jeté du vinaigre pendant qu'elle était rouge, elle y vit paraître des marques brillantes comme de l'or. Le bruit s'en répandit bientôt; la pierre fut essayée par les plus habiles affineurs d'or de Londres. Suivant leur rapport, elle contenait une grande quantité d'or (1). Un nouveau voyage fut aussitôt décidé pour l'année suivante, et Georges Best nous apprend que, dans les instructions qui furent données au capitaine, on lui recommanda spécialement de s'occuper plutôt de trouver cette mine d'or que de faire d'autre découverte.

(1) Discours véritable, par M. George Best. — Hakluyt, Tom. III.

§. II.

SECOND VOYAGE. 1577.

Montagnes de glace.—Découverte de différentes îles.—Commerce avec les naturels. — Singulier moyen de guérir une blessure faite par une arme à feu.— Cargaison de pierres de mines d'or.

Frobisher fut alors ouvertement protégé par la reine Elizabeth. En prenant congé d'elle, il eut l'honneur de baiser sa main. La reine le reçut d'un air gracieux et avec des paroles agréables; elle lui fit donner en outre un de ses grands vaisseaux, nommé l'*Ayde*, d'environ cent quatre-vingts tonneaux, et deux petits bâtimens, le *Gabriel*, capitaine Fenton, et le *Michel*, capitaine Yorke, chacun d'environ trente tonneaux. Le 27 mai, ayant reçu le Saint-Sacrement et s'étant préparés en bons chrétiens et en hommes résolus à tout, ils partirent de Gravesend, et, après une longue traversée, arrivèrent à la hauteur de la Frislande par 60 degrés et demi de latitude, le 4 juillet. Les montagnes étaient couvertes de neige, et la grande quantité de glaces rendait la côte presque inaccessible.

Frobisher avait avec lui la relation de la Frislande de Zeno (1); il déclare, et cette assertion est réellement très-remarquable, qu'ayant comparé sa carte avec la côte qu'il suivait, il l'avait trouvée exacte, mais qu'il n'avait aperçu d'autre créature que de petits oiseaux. Il vit flotter des montagnes de glace, qui tiraient, les unes soixante-dix, les autres quatre-vingts brasses d'eau, et qui avaient plus d'un demi-mille de circonférence. Cette glace n'étant pas salée, Frobisher en conclut qu'elle doit se former dans les embouchures des fleuves, ou près de quelques terres voisines du pôle, parce que l'eau de la mer ne gèle point, et que par conséquent il n'y a pas de mer glaciale, comme on l'a cru jusqu'ici.

Après avoir passé quatre jours en efforts

(1) *Voy.* 1.re part., chap. 2.

superflus pour descendre à terre, il fit voile vers le détroit qu'il avait découvert l'année précédente. Arrivé à la hauteur de *l'île de Hall*, ainsi appelée du nom de l'homme qui avait ramassé la pierre contenant de l'or, il remonta le détroit; ensuite, prenant avec lui les affineurs qu'il avait embarqués, il descendit de l'endroit où cette pierre avait été trouvée; mais, dans toute l'île, on n'en rencontra pas gros comme une noix. Il y en avait une assez grande quantité dans toutes les îles voisines, et surtout dans l'île de Hall, la plus grande. Sur le haut d'une montagne, à deux milles du rivage, ils élevèrent une grande colonne ou croix, en pierres, sonnèrent solennellement d'une trompette, prononcèrent certaines prières, s'agenouillèrent autour de l'enseigne, et appelèrent cet endroit le *mont Warwick*.

En retournant à leurs canots, les Anglais aperçurent plusieurs sauvages sur le haut du mont Warwick, qui agitaient un pavillon en poussant des cris semblables à des mugissemens de taureaux, et qui paraissaient désirer d'entrer en pourparler avec eux. Se méfiant réciproquement les uns des autres, on choisit, de chaque côté, un homme pour conférer ensemble et régler les conditions du trafic. Un des sauvages, à défaut de meilleure marchandise, coupa le derrière de son vêtement, et en fit présent au général. Celui-ci, ce qui n'était pas montrer beaucoup de reconnaissance de cette courtoisie, le saisit aussitôt par le bras. Le maître en fit autant à l'égard d'un autre ; mais le terrain étant glissant à cause de la neige, les deux prisonniers s'échappèrent ; et, étant allés reprendre leurs arcs et leurs flèches, qu'ils avaient laissés derrière les rochers, ils revinrent sur leurs pas ; quoiqu'ils ne fussent que deux, ils poursuivirent avec furie le général et le maître jusqu'à leurs canots, et blessèrent le général d'une flèche qui l'atteignit au derrière.

Les soldats commencèrent alors à faire feu ; les sauvages prirent la fuite, et les Anglais les poursuivirent. Un de ceux-ci, nommé Nicolas Conger, habile à la course, et n'étant pas chargé de bagage, car il n'avait qu'un couteau de chasse à son côté, parvint à joindre un sauvage, et lui serra tellement les côtes que celui-ci s'en ressentit plus d'un mois après. On l'emmena en vie au vaisseau, mais le second s'échappa. Cependant une tempête s'étant élevée, les Anglais se réfugièrent dans une petite île, sur des rochers couverts de neige et de glace. Ils y passèrent une nuit désagréable, transis et gelés.

Ils firent voile ensuite vers la rive méridionale du détroit de Frobisher, et débarquèrent dans une petite île avec les affineurs pour y chercher de l'or. Le sable et les pierres y brillaient tellement, qu'on aurait dit qu'ils en contenaient beaucoup ; mais, après en avoir fait l'essai, on reconnut qu'il ne s'y trouvait que du plomb noir, et que le proverbe, *tout ce qui reluit n'est pas or*, est bien vrai.

Dans une autre petite île qu'ils nommèrent *Smith's Island*, ils trouvèrent des pierres de mine d'argent, et quatre espèces de pierres contenant de l'or en assez grande quantité. Sur une autre île ils aperçurent un gros poisson mort, long de douze pieds :

une corne longue de six pieds sortait de son museau ; ils la conservèrent et l'emportèrent comme un joyau pour la garde-robe de la reine.

Ils continuèrent à remonter le détroit pendant environ trente lieues, fort incommodés par les glaces flottantes, qui les mettaient même quelquefois en danger. Dans une petite île, ils trouvèrent un tombeau qui contenait les ossemens d'un homme mort, et divers ustensiles à l'usage des naturels : le sauvage qu'ils avaient fait captif leur en expliqua l'usage. Ayant pris une espèce de bride, il la mit à un chien qui se trouvait sur un des bâtimens, comme si c'eût été un cheval, et, prenant un fouet à la main, il dressa le chien à tirer un traîneau, comme les chevaux traînent une voiture. Les Anglais surent ensuite que ce peuple engraisse des chiens d'une petite espèce pour s'en nourrir, et qu'ils se servent des plus grands pour tirer les traîneaux.

En voulant s'emparer d'un parti de sauvages dans *Yorke-Sound*, il s'ensuivit une escarmouche dans laquelle cinq ou six furent malheureusement tués. Les Anglais prirent deux femmes; l'une étant vieille et laide, on crut que c'était le diable ou quelque sorcière; et on la relâcha; l'autre était jeune, et portait sur son dos un enfant à la mamelle. S'étant cachée derrière un rocher, un homme de l'équipage la prenant pour un homme, lui tira un coup de fusil qui perça le bras de l'enfant. On l'amena au vaisseau; le chirurgien pansa le bras de l'enfant pour le guérir; mais la mère n'entendant rien à cette opération, déchira l'appareil, et, à force de lécher la plaie de l'enfant avec sa langue, comme le font les chiens, elle parvint à la guérir. Les Anglais avaient trouvé en cet endroit des objets qui avaient appartenu à leurs cinq malheureux compatriotes pris l'année précédente par les sauvages, c'est la seule excuse qu'ils aient pu trouver pour cette attaque barbare.

Par le moyen de leurs deux prisonniers, ils parvinrent enfin à avoir quelques communications avec les naturels du pays; ils apprirent que les cinq infortunés vivaient encore, et engagèrent les sauvages à leur remettre une lettre conçue en ces termes :

« Au nom du Dieu auquel nous croyons
« tous, qui, j'espère, a conservé vos corps
« et vos ames parmi ces infidèles, je me re-
« commande à vous. Je serai charmé de
« chercher à vous délivrer par tous les
« moyens que vous pourrez m'indiquer, soit
« de vive force, soit par l'échange de quel-
« ques marchandises de mes vaisseaux, que
« je n'épargnerai pas pour l'amour de vous,
« et je ferai pour vous tout ce que je pour-
« rai. J'ai à bord un homme, une femme et
« un enfant des leurs, que je suis prêt à don-
« ner en échange contre vous : quant à
« l'homme que j'ai emmené l'année dernière,
« il est mort en Angleterre. Vous pouvez,
« en outre, leur déclarer que s'ils ne vous
« rendent pas, je ne laisserai pas un homme
« vivant dans leur pays. En conséquence, si
« l'un de vous peut venir me trouver, je re-
« mettrai en échange l'homme ou la femme
« et l'enfant. Je vous recommande à Dieu,
« que j'espère que vous servez, et nous prie-

« rons tous les jours pour vous.—Ce mardi
« matin, 7 août 1577. »

Ces hommes ne reparurent pourtant jamais ; et comme la saison était avancée, et que les instructions du général le chargeaient de chercher de l'or et de remettre à une autre fois la découverte du passage, on s'occupa du chargement des navires, et, en vingt jours, avec l'aide des soldats, on mit à bord près de deux cents tonneaux de pierres de mine d'or.

Le 22 août, après avoir fait un feu de joie sur la plus haute montagne, et une décharge d'artillerie en l'honneur de lady Anne, comtesse de Warwick, dont elle portait le nom, on mit à la voile pour l'Angleterre. Après une traversée pendant laquelle on essuya plusieurs tempêtes, on arriva dans différens ports d'Angleterre, sans autre perte qu'un homme mort de maladie, et un autre qu'une vague emporta dans la mer.

§. III.

TROISIÈME VOYAGE. 1578.

Voyage entrepris pour fonder une colonie. — Un des bâtimens est coulé à fond par une montagne de glace. — Impossibilité d'établir la colonie. — Détails sur Frobisher.

La reine et sa cour virent avec beaucoup de satisfaction que ce voyage donnait lieu d'espérer des profits, des richesses considérables, et enfin la découverte d'un passage au Cathay. Après un examen approfondi fait par des commissaires spécialement nommés à cet effet, il fut décidé que l'on ne devait pas s'arrêter en si beau chemin. La reine donna le nom de *Meta incognita* au pays nouvellement découvert, et résolut d'y établir une colonie. Dans ce dessein, elle fit équiper une flotte de quinze bâtimens. On résolut de laisser une centaine d'hommes dans le pays, avec trois vaisseaux ; les douze autres devaient rapporter une cargaison de pierres de mine d'or. Frobisher fut nommé amiral et général. Quand il prit congé de la reine, il en reçut une chaîne d'or : les autres capitaines eurent l'honneur de baiser la main de cette princesse.

La flotte partit d'Harwich le 31 mai 1578, doubla le cap Clear le 6 juin, et découvrit, le 20 du même mois, la Frislande occidentale : on la nomma *Angleterre occidentale*. Les Anglais y débarquèrent et en prirent possession ; mais les naturels abandonnèrent leurs tentes et s'enfuirent. La flotte partit alors pour le détroit de Frobisher, donnant, à cause d'une certaine ressemblance, à la dernière montagne, le nom de *Charin-Cross* (1). On trouva le détroit rempli de glaces. Le *Denis*, bâtiment de cent tonneaux, heurta si fort contre un glaçon énorme, qu'il coula à fond à l'instant même, à la vue de toute la flotte : l'équipage fut sauvé. Malheureusement il y avait à bord

(1) Nom d'une place de Londres.
(*Note du traducteur*).

une partie des matériaux destinés à construire une maison pour les colons qui devaient passer l'hiver dans ce pays.

Une violente tempête survint, et tous les bâtimens furent dispersés. Les uns entraînés avec les glaces dans le détroit, s'y trouvèrent enfermés ; les autres regagnèrent la pleine mer au milieu des glaces flottantes. La relation de ce voyage dépeint, dans les termes les plus lamentables, leurs souffrances et leurs dangers. Lorsqu'enfin ils se trouvèrent rassemblés, les brumes et les courans les avaient tellement égarés de leur route, que les capitaines et les pilotes ne savaient où ils se trouvaient. Dans ce moment d'embarras, deux navires se séparèrent de la flotte ; les autres suivirent Frobisher vers la côte nord-ouest du Groënland, qu'il prolongea, et se dirigea au nord, pensant, ou, comme le dit l'auteur du voyage, prétendant toujours et persuadant aux autres qu'ils étaient sur la bonne route et dans le détroit qu'il connaissait.

Enfin, après avoir lutté long-temps contre les tempêtes, les brouillards et les glaces flottantes, Frobisher et une partie de la flotte entrèrent dans la baie de la *Comtesse de Warwick*. Il fut décidé, dans un conseil tenu le 1.er août, de débarquer dans cette île les colons et tout ce qui leur était destiné ; l'on proclama le lendemain l'ordonnance qui devait leur servir de règle de conduite pendant leur séjour ; mais, en examinant les états de chargement, on reconnut qu'il ne restait que la moitié de la maison, encore cette moitié n'était-elle pas complète, un grand nombre de planches ayant servi à se défendre des glaces et ayant été brisées. On manquait aussi de bois et de boisson pour une colonie de cent hommes, la plus grande partie de ces provisions étant à bord des vaisseaux séparés de la flotte. D'après ces motifs et plusieurs autres, il fut résolu qu'on n'établirait pas de colonie cette année.

Le capitaine Best, commandant l'*Anne-Françoise*, un des vaisseaux qui s'étaient écartés des autres, découvrit une grande île noire, où il y avait assez de ces pierres noires contenant de l'or, pour rassasier les plus avides : il l'appela de son nom, *Best's Blessing*, ou le bonheur de Best. Il y éleva une colonne ou une croix en pierre, en signe de prise de possession, sur le haut d'une montagne qu'il nomma *Hatton's-Headland*, ou promontoire d'Hatton.

La rigueur du froid et le mauvais temps avaient fait naître un découragement général. Un nouveau conseil s'assembla le 30 août; l'on y décida que chaque bâtiment chargerait de la mine d'or, et se tiendrait prêt à faire voile à un jour fixe, qui fut, à ce qu'il paraît, le lendemain ou 31 août. La traversée fut très-pénible; la tempête dispersa les bâtimens; plusieurs coururent de grands dangers. Ils arrivèrent dans différens ports d'Angleterre vers le 1.er octobre, n'ayant perdu que quarante hommes dans tout le voyage.

Le *Buss de Bridgewater*, dans sa traversée, en revenant, rencontra au sud-est de la Frislande, par 57 degrés et demi de latitude, une grande île inconnue, qu'il côtoya pendant trois jours; le pays paraissait beau, fertile et couvert de bois. D'après la relation de cette découverte, on marqua cette île sur les cartes ; mais on ne l'a pas revue depuis, et elle n'existe certainement pas. Cependant on a reconnu depuis peu qu'il se trouve un banc à la place qui lui était assignée, ce qui fait renaître l'idée que la Frislande de Zeno ou l'île du Buss de Bridgewater ont été englouties par un tremblement de terre.

Il est assez étonnant qu'un homme doué d'autant de sagacité que Frobisher, qui, dans son premier voyage, reconnut que l'eau de la haute mer ne gèle pas, mais que la glace prend naissance dans les fleuves, les baies, les criques, et qu'elle flotte jusqu'à ce qu'elle soit arrêtée par la terre ou poussée dans des détroits peu larges et peu profonds, ait persisté à vouloir passer dans des détroits encombrés de glaçons, quand il savait qu'il avait une mer ouverte entre le Groënland et l'archipel d'îles au milieu desquelles se trouve le détroit qui porte son nom. Mais son premier voyage fut le seul que l'on puisse réellement appeler un voyage de découvertes ; le second et le troisième avaient pour objet la recherche de mines et l'établissement d'une colonie : on a vu que ni l'un ni l'autre ne réussirent.

Persuadée que les trois voyages de Frobisher n'avaient pu atteindre leur but, la cour ne se flatta plus de l'espoir de trouver des trésors ni de découvrir le passage, objet primitif de l'expédition.

Pendant sept ans, Frobisher disparaît de la scène du monde ; mais, en 1555, il se montre de nouveau. Il commanda l'*Aide* dans l'expédition de Drake aux Indes occidentales. En 1588, il monta le *Triomphe*, un des trois grands vaisseaux qui combattirent la fameuse armada espagnole, et se signala par sa bravoure, ce qui lui valut l'honneur d'être armé chevalier, à bord de son propre vaisseau, par le grand amiral. En 1590, la reine lui donna le commandement d'une escadre qu'elle envoyait sur les côtes d'Espagne pour agir de concert avec sir John Hawkins. En 1594, il partit avec quatre vaisseaux de ligne au secours de Henri IV, contre un corps de ligueurs et d'Espagnols qui occupaient une forte position près de Crozon, sur la baie de Brest. En montant à l'assaut du fort, le 7 novembre, il fut blessé d'une balle à la hanche, et en mourut peu de jours après à Plymouth, où il avait amené sa petite escadre, et où il fut enterré.

Frobisher était né de parens obscurs à Doncaster dans l'Yorkshire, et se forma de bonne heure à la marine. On le représente comme un homme plein de courage et d'expérience, d'une conduite régulière, mais d'un caractère impétueux, dur et violent (1).

(1) Biographie britannique.

CHAPITRE VIII.

ÉDOUARD FENTON. 1577.

Double but de ce voyage. — Fenton coule à fond le vice-amiral espagnol. — Sa mort.

Il serait injuste de ne point parler d'Édouard Fenton, homme qui se fit honneur par un grand nombre de traits de courage et d'intrépidité. A la recommandation du comte de Warwick, il accompagna Frobisher, en 1577, comme capitaine du *Gabriel;* l'année suivante il commanda la *Judith,* l'un des quinze vaisseaux dont était composée l'escadre destinée à établir une colonie à Meta incognita; et, dans cette troisième expédition, il eut le titre de vice-amiral. Malgré les trois tentatives de Frobisher pour la découverte d'un passage au nord-ouest, Fenton resta fermement convaincu de son existence. Ses sollicitations réitérées, jointes à l'intérêt puissant que prit à lui le comte de Leicester, un de ses protecteurs, lui procurèrent enfin l'occasion de tenter la fortune (1).

Une expédition fut donc entreprise sous les auspices, et presque aux frais seuls du duc de Cumberland. Il paraît, d'après les instructions qui furent données à Fenton, que ce voyage avait un double but, Fenton devait se rendre aux Indes orientales par l'une des deux routes ordinaires, et tâcher de revenir des Moluques par le nord-est, ou, en d'autres termes, de découvrir le passage du nord-ouest, en y entrant par le grand Océan, connu alors sous le nom de Mer du sud; mais le véritable objet était d'essayer, dans les mers de l'Inde, de ces courses qui avaient fait la fortune de Drake. Quoi qu'il en soit, le roi d'Espagne ayant eu vent de ce projet, envoya une flotte attendre Fenton à la sortie du détroit de Magellan. Fenton en fut informé en route, et crut prudent de

___
(1) Hakluyt, Vol. III.

retourner en Angleterre; mais il n'y rentra pas sans avoir attaqué et coulé à fond le vice-amiral espagnol, qu'il rencontra dans un port portugais.

Il eut ensuite le commandement de la *Marie-Rose*, et montra beaucoup de bravoure dans le combat contre l'armada espagnole, en 1588. Il mourut à Deptford en 1603, et fut enterré dans l'église paroissiale du lieu. Le comte de Corke, qui avait épousé sa nièce, fit ériger à sa mémoire un beau monument chargé d'une modeste inscription.

CHAPITRE IX.

ARTHUR PET et CHARLES JACKMAN. 1580.

Arrivée au détroit de Waigatz. — Les glaces les déterminent à revenir. — Inexpérience de ces navigateurs.

Quoique les voyages infructueux de Frobisher eussent refroidi le zèle de la cour, l'ardeur des entreprises particulières n'en subsistait pas moins. La compagnie de Russie ayant fait, par terre, des progrès considérables dans l'orient, résolut d'essayer par mer une nouvelle tentative pour découvrir au nord-est un passage à la Chine. Elle équipa deux bâtimens à cet effet, le *George* et le *William*, commandés par ARTHUR PET et CHARLES JACKMAN. Ils partirent d'Harwich le 30 mai, arrivèrent à Vardhuus le 23 juin, traversèrent la baie de Saint-Nicolas, rencontrèrent beaucoup de glaces, et, le 16 juillet, se trouvèrent à la hauteur d'une île qu'ils supposèrent être la Nouvelle-Zemble. Le 17, après avoir navigué dans des eaux basses et chargées de beaucoup de glaces, ils atteignirent la baie de Petchora, et arrivèrent le lendemain à l'île de Waigatz, où l'eau et le bois étaient en abondance.

A l'est de Waigatz, ils furent tellement embarrassés par les glaçons, qu'ils se déterminèrent à rebrousser chemin, ce qu'ils n'effectuèrent pas sans difficulté, la mer étant tellement couverte de glace, qu'ils y furent enfermés pendant seize à dix-huit jours, durant lesquels l'air fut toujours chargé d'une brume épaisse. Le 17 août, ils repassèrent le détroit de Waigatz à travers les glaces, le brouillard et la neige; et, le 22, les bâtimens se séparèrent. Le 27, le *George* était à la hauteur de Kegor; le 31, il doubla le cap Nord, et, le 26 octobre, il arriva à Ratcliffe, où l'équipage rendit grâce à Dieu de son heureux retour.

Le *William* n'eut pas le même bonheur. Il entra, en octobre, dans un port de Norvège, au sud de Drontheim, et y passa l'hiver. Il en partit en février suivant, avec un vaisseau appartenant au roi de Danemark, fit voile vers l'Islande, et jamais on n'en eut de nouvelles.

D'après la maigre relation de ce voyage, on voit assez clairement que Pet et Jackman étaient de médiocres navigateurs, car ils n'osèrent jamais se hasarder dans les eaux profondes, ni s'écarter du rivage toutes les fois que les glaces leur permettaient d'en approcher, ce qui était le plus sûr moyen d'en être embarrassés, quoiqu'ils ne fussent que sous les 68 et 69.° degrés de latitude. Depuis ce temps, la compagnie de Russie se contenta d'envoyer ses bâtimens dans la baie de Saint-Nicolas ou d'Arkhangel, et de confier ses entreprises de découvertes en Orient au résultat de voyages par terre.

CHAPITRE X.

sir HUMPHREY GILBERT. 1583.

Concession qui lui est faite par la reine Elizabeth. — Arrivée à Terre-Neuve. — Prise de possession de cette île. — Naufrage d'un de ses bâtimens. — On l'engage à quitter celui sur lequel il se trouve. — Il s'y refuse. — Son navire coule à fond. — Détails sur sir Humphrey Gilbert.

Les efforts de la compagnie dont nous venons de parler ayant été suivis sur terre des plus heureux succès, firent prendre un nouvel essor à l'esprit de découvertes, et tourner encore une fois les regards vers le nord-ouest. Les mouvemens continuels que se donna sir Humphrey Gilbert, ses grands talens, ses puissantes protections lui valurent, en 1578, des lettres-patentes qui l'autorisaient à entreprendre des découvertes dans l'occident, et à prendre possession des terres sur lesquelles les princes chrétiens ou leurs sujets ne se seraient pas encore établis. On dit qu'il fit, la même année, un voyage à Terre-Neuve ; mais il ne paraît pas qu'on en ait jamais publié une relation détaillée. Cette concession lui était faite à perpétuité, mais en même temps déclarée nulle, s'il ne se mettait en possession actuelle dans l'espace de six années. Pendant celle qui précédait l'expiration de ce terme, Gilbert se prépara donc à une nouvelle expédition ; et, dans la même année 1583, Adrien Gilbert, son frère cadet, obtint, pour une compagnie qu'il forma, d'autres lettres-patentes qui lui accordaient le privilége de faire la découverte d'un passage en Chine et aux Moluques par le nord, le nord-ouest ou le nord-est.

La flotte équipée par sir Humphrey Gilbert consistait en cinq vaisseaux de différentes grandeurs, sur lesquels il embarqua environ deux cent soixante hommes, parmi lesquels se trouvaient des charpentiers, des serruriers, des maçons et des menuisiers, indépendamment de minéralogistes et d'affineurs de métaux. « Et, pour amuser nos gens et divertir les sauvages, dit l'historien, nous nous étions pourvus de musiciens, de danseurs grotesques, sans oublier des chevaux de bois et d'autres jeux, car nous avions résolu de gagner les sauvages par tous les moyens de douceur possibles (1). »

Cette petite flotte partit le 11 juin de la baie de Cawsand, près de Plymouth. Arrivée à la latitude de 60 degrés, des montagnes de glaces flottantes lui opposèrent des obstacles; mais, les ayant surmontés, on aperçut la terre le 30 juillet. Le narrateur, à cette époque déjà éloignée de nous, observe que les Portugais et les Français principalement faisaient un grand commerce de pêcherie sur le banc de Terre-Neuve, où ils se trouvaient quelquefois au nombre de plus de cent voiles.

En entrant dans le port de Saint-Jean, sur

---

(1) *Relation de ce voyage par Hayes.* — Hakluyt, Vol. III.

la côte de Terre-Neuve, Gilbert reçut l'accueil le plus flatteur des commerçans anglais, qui les conduisirent à un endroit nommé le *Jardin;* mais l'historien du voyage remarque à ce sujet qu'on n'y voyait que la nature sans art, et que de tous côtés des rosiers et des framboises y croissaient sans culture.

Là, en présence des commerçans anglais et étrangers assemblés, Gilbert prit, au nom de la reine, possession du port et de deux cents lieues de pays dans tous les sens; trois lois furent rendues et promulguées sur-le-champ, 1.° pour l'exercice public de la religion, suivant le rit de l'église d'Angleterre; 2.° pour le maintien des droits et possessions de la reine, en punissant comme coupable de haute trahison quiconque y porterait atteinte; 3.° pour la répression de tous discours offensans contre l'honneur de la reine, les coupables de ce crime devant avoir les oreilles coupées, et subir la confiscation de leurs biens et de leurs navires. Gilbert fit diverses concessions de terrains; mais il paraît qu'il tenait particulièrement à la recherche des métaux, car il recommanda à l'affineur la plus grande attention sur ce point. Celui-ci était un Saxon honnête et religieux, nommé Daniel. Il apporta ce qu'il appelait de la mine d'or à Gilbert, qui ne voulut ni la laisser essayer, ni permettre d'en parler avant qu'on eût remis en mer, attendu que les Portugais, les Biscayens et les Français n'étaient pas loin.

Gilbert montant sur sa petite frégate, l'*Ecureuil*, qui, dans le fait, était une misérable barque de dix tonneaux, et, prenant avec lui deux autres bâtimens, les *Délices*, capitaine Brow, et le *Golden-Hind* (la Biche d'or), capitaine Hayes, navigua au sud pour faire des découvertes. Mais le premier navire, avec tout ce qu'il avait à bord, fit naufrage sur un banc, près de l'île des Sables, dans un moment où Gilbert n'était pas à bord. De plus de cent personnes qui s'y trouvaient, il n'en échappa que douze dans un canot. Etienne Parmenius, de Bude, fut du nombre de ceux qui périrent. C'était un savant hongrois qui s'était embarqué dans le dessein d'écrire, en langue latine, les faits et gestes dont il serait témoin dans le voyage. L'affineur de métaux périt aussi ; l'on dit que sa perte et celle du morceau de mine d'or qu'il avait avec lui furent vivement ressenties par Gilbert, qui comptait que l'appât des produits futurs de la mine déterminerait la reine à lui avancer dix mille liv. sterling pour son prochain voyage.

Gilbert, échappé à ce péril, renonça bientôt à poursuivre les découvertes, et se décida à retourner en Angleterre. Sa petite frégate était absolument hors d'état de supporter un tel voyage. Hayes l'engagea à la quitter et à passer sur la *Biche d'or;* mais Gilbert répondit courageusement : « En retournant dans ma patrie, je n'abandonnerai pas ma petite compagne avec laquelle j'ai couru tant de périls et bravé tant de tempêtes. » Le 9 septembre, après avoir passé les Açores, on vit son bâtiment sur le point d'être submergé par une forte houle ; mais il résista à la fureur des vagues. Bientôt après, l'équipage de la *Biche d'or* vit le général assis à l'arrière du bâtiment, ayant un livre à la main ; on l'entendit s'écrier : « Courage, mes enfans, nous sommes aussi près du ciel sur mer que sur terre. » Dans la même nuit, ce bâtiment et tout ce qu'il contenait furent engloutis dans les flots.

Ainsi périt cet homme brave et intrépide. Hayes raconte que ce qui l'affermit principalement dans sa fatale résolution de ne pas quitter son bâtiment, fut un bruit malin parvenu jusqu'à lui : on disait qu'il avait peur de la mer. Mais il n'est pas vraisemblable qu'un homme d'un courage aussi éprouvé, d'un esprit aussi mâle, se soit déterminé d'après une telle considération, quoique dans ce siècle chevaleresque il ait bien pu être influencé par la devise qu'il portait dans ses armes : *Mutare vel timere sperno* (1).

Gilbert descendait d'une ancienne famille du comté de Devon. Sa mère avait épousé en secondes noces Walter Raleigh, et de ce

(1) Prince, dans ses Grands Hommes du comté de Devon, cite cette devise dans les termes suivans : *Malem mori quàm mutare.*

mariage naquit le célèbre sir Walter Raleigh, qui par conséquent était frère utérin de sir Humphrey. Celui-ci fut élevé à Eton, et passa de là à Oxford, où il se distingua par ses talens dans un siècle fertile en grands hommes. Il servit en Irlande avec gloire, et fut nommé président de la province de Munster, place dans laquelle il fit preuve d'adresse et de fermeté. « Il fut, dit Prince, excellent hydrographe, et non moins habile mathématicien, d'un esprit élevé et entreprenant, quoique peu favorisé par la fortune. » Ses entreprises donnent la mesure de ses vertus. Son grand but était de découvrir des contrées lointaines en Amérique, de désabuser les sauvages de leurs superstitions diaboliques, et de leur faire connaître l'évangile de Notre Seigneur et Sauveur Jésus-Christ, dessein qui doit assurer un souvenir éternel à son zèle.

CHAPITRE XI.

JOHN DAVIS.

§. I.er

PREMIER VOYAGE. 1585.

But du voyage. — Découverte de la baie de Gilbert. — Communication avec les naturels. — Retour en Angleterre.

Les négocians de Londres persuadés que, selon toute apparence, il existait un passage au nord-ouest, et que ceux qui l'avaient cherché jusqu'alors en avaient été détournés par des objets étrangers à ce premier dessein, résolurent de faire une nouvelle expédition, dont l'unique but serait cette découverte. Le soin des préparatifs fut confié à Sanderson, négociant de Londres; et John

Davis, de Sandridge en Devonshire, dut sans doute à la recommandation de son voisin, Adrien Gilbert, d'être nommé capitaine et pilote en chef de cette nouvelle entreprise. L'on mit sous ses ordres deux petits bâtimens, le *Sunshine* (la Clarté du soleil), de cinquante tonneaux, et le *Moonshine* (le Clair de lune), de trente-cinq. Le premier portait vingt-trois personnes, y compris quatre musiciens, et le second dix-neuf.

Ils firent voile de Dartmouth le 7 juin 1585, et, le 19 juillet, ils étaient au milieu des glaces, sur la côte occidentale du Groënland, où ils entendirent de grands mugissemens de la mer, bruit qu'ils reconnurent être produit par le choc d'îles de glace monstrueuses qui se heurtaient les unes contre les autres. Le lendemain, en avançant au nord, le brouillard se dissipa, et ils aperçurent une terre couverte de montagnes en forme de pain de sucre, qui semblaient s'élever au-dessus des nuages; leur sommet était couvert de neige, des glaces bordaient les côtés à plus d'une lieue en mer; tout présentait à l'entour un véritable aspect de désolation, aussi la nomma-t-il la *Terre de désolation*. Trouvant impossible d'aborder sur le rivage en cet endroit à cause des glaces, Davis prit le parti de tourner vers le sud. En côtoyant la terre, il voyait tous les jours des pièces de bois flotter sur la mer, et le *Moonshine* y trouva un arbre garni de ses racines, de soixante pieds de longueur et d'environ quatorze palmes de circonférence. La température ressemblait à celle du nord d'avril en Angleterre. Il ne faisait froid que lorsque le vent venait de terre et passait sur la glace; mais, quand il arrivait de la mer découverte, il faisait très-chaud.

De cette côte, ils firent voile vers le nord-ouest pendant quatre jours, et ils virent la terre sous 64° 15' de latitude, l'air étant encore tempéré et la mer dégagée de glaces. C'était un archipel d'îles où il se trouvait de belles baies et de bonnes rades pour les vaisseaux. Davis donna le nom de *baie de Gilbert* à celle dans laquelle il jeta l'ancre.

Une foule de naturels s'avancèrent dans leurs canots; alors les musiciens se mirent à jouer de leurs instrumens, et les marins à danser et à leur faire des signes d'amitié. Les naturels, gens simples et qui n'avaient aucune mauvaise intention, comprirent bientôt ce que ces signes voulaient dire, et furent si charmés de la musique et de l'accueil qu'on leur faisait, qu'ils s'approchèrent en grand nombre, et l'on ne vit pas moins de trente-sept de leurs barques en même temps autour des deux bâtimens. Les matelots leur prenaient la main, et gagnèrent tellement leur amitié, qu'ils obtinrent d'eux tout ce qu'ils voulurent : canots, habits, arcs, javelines ; en un mot, tout ce qu'ils leur demandaient. « C'étaient des gens fort traitables, dit l'historien du voyage, sans finesse et sans duplicité, et qu'il était facile de maintenir en ordre et discipline ; mais ils paraissent idolâtres, et semblent adorer le soleil. »

La mer jetait beaucoup de bois sur ces rivages ; les rochers semblaient être de cette pierre que Frobisher avait rapportée de Meta incognita. On trouva aussi des échantillons d'une matière ressemblant au verre de Moscovie, et brillant presque comme le cristal. On voyait sur les rochers un fruit rouge, d'une saveur douce, et, dans sa maturité, semblable à la groseille.

Le 1.er août, on s'avança plus loin au nord-ouest, et, le 6, on découvrit la terre par 66° 40′; la mer était dégagée de glaces. On jeta l'ancre dans une belle rade, au-dessous d'une montagne que l'on nomma *Mont-Raleigh*. Les rochers y étaient brillans comme de l'or. On appela cap *Dier* un promontoire au nord; cap *Walsingham*, un autre au sud; baie d'*Exeter*, celle qui les séparait; et l'endroit où l'on était mouillé, rade de *Totness*.

En descendant à terre, on rencontra quatre ours blancs, d'une grosseur monstrueuse; on en tua un.

Le 8 août, on retourna au sud, et, le 11, on atteignit l'extrémité méridionale de la terre que l'on avait côtoyée; on nomma cette pointe cap de *God's mercy* (de la merci de Dieu), comme étant l'endroit qui devait conduire à ce que l'on voulait découvrir. Laissant cette terre au nord, on fit voile à l'ouest, et l'on trouva un beau passage ouvert, large de vingt à trente lieues, sans aucune glace; son eau était entièrement semblable à celle de l'Océan, ce qui fit espérer plus que jamais de trouver une communication avec le grand Océan. Après avoir parcouru soixante lieues, on vit un groupe d'îles au milieu du passage. Le temps devint extrêmement brumeux, le vent soufflait constamment du sud-est, sans donner d'espoir de changement. En conséquence, au bout de six jours, on prit le parti de retourner en Angleterre. On fit cette route le 2 août, et on arriva sans accident à Dartmouth le 30 septembre.

§. II.

SECOND VOYAGE. 1586.

Arrivée en Groënland. — Détails sur les naturels du pays.—Immenses quantités de glaces. — Un des bâtimens de Davis l'abandonne.—Espoir de trouver le passage.—Départ pour l'Angleterre.

L'importante découverte d'un passage libre et ouvert à l'ouest, entre l'Archipel de Frobisher et la terre nommée aujourd'hui *l'île de Cumberland;* la grande quantité de peaux de phoques et de daims, et d'autres pelleteries que les naturels avaient offertes volontairement aux Anglais, firent naître de vives espérances. On se flatta de l'idée que ces parages fourniraient le moyen d'y établir un commerce avantageux, et celui de découvrir le passage si désiré. Les négocians d'Exeter et de l'ouest de l'Angleterre équipèrent donc la *Mermaid* (la Syrène), grand bâtiment de commerce de cent vingt tonneaux, pour accompagner Davis dans son second voyage qu'il fit l'année suivante avec une petite escadre composée du *Sunshine*, du *Moonshine*, et d'une pinasse de dix tonneaux, nommée le *North-Star* (l'Etoile du Nord).

Le 7 mai, on partit de Dartmouth ; le 15 juin, on était à la hauteur du cap Farewell ; on suivit ensuite les côtes occidentales du Groënlande, et on communiqua fréquemment avec les naturels de ce pays, qui venaient autour des bâtimens, dans leurs canots, apportant avec eux des peaux de phoques et de daims, des lièvres blancs, des saumons, de petites morues, et d'autres poissons frais ou secs, ainsi que des oiseaux.

Le bon naturel de ce peuple engagea les Anglais à examiner les rivières et les baies le long de la côte. La surface de la terre ressemblait beaucoup à un terrain en friche et marécageux. La relation représente les naturels comme d'une belle taille, bien faits, ayant les mains et les pieds petits, le visage large, la bouche grande, les dents serrées, les yeux petits, et la plupart sans barbe.

Ils ont une grande quantité d'idoles qu'ils portent dans leurs canots. Ils pratiquent diverses sortes d'enchantemens et sont magiciens. Ils sont vigoureux et agiles, aiment à sauter et à lutter, et ils l'emportaient dans cet exercice sur les plus forts lutteurs des équipages. Leur principale nourriture est le poisson, qu'ils mangent cru. Ils boivent l'eau salée, et se régalent d'herbe et de glace. On reconnut bientôt que ces Groënlandois étaient voleurs et méchans, car ils coupaient les câbles et dérobaient tout ce qu'ils pouvaient emporter.

Le 17 juillet, les Anglais furent alarmés à la vue d'un immense glaçon; on n'en voyait pas la fin; sa grosseur et sa hauteur étaient si incroyables, que l'historien du voyage n'ose les rapporter, de crainte de ne pas être cru. On côtoya cette masse jusqu'au 30 juillet; elle occasionna un froid si vif que les cordages et les voiles étoient gelés; un brouillard épais remplissait l'air. Des maladies se déclarèrent parmi les matelots, on représenta au capitaine que par trop de témérité il courait le risque de se faire maudire par leurs veuves et leurs enfans orphelins. Cédant à ces remontrances, il fit route à l'est-sud-est. Le 1er août, il découvrit la terre à 66° 33′ de latitude et 70° de longitude du méridien de Londres sans être incommodé par la glace ni la neige. Cette terre était un groupe d'îles. Le temps devint très-chaud, et l'on fut tourmenté par une espèce de moucheron qu'on nomme mosquite, qui fait une piqûre très-cuisante. Davis laissa la *Mermaid* en ce lieu ; et, avec son petit bâtiment, s'avançant vers l'ouest pendant cinquante lieues, il eut connaissance de la terre par 66° 19′ de latitude. Tournant au sud, il vit un promontoire au nord-ouest, sous les 65°, et n'aperçut aucune terre au sud. « Là, dit-il, nous eûmes le plus grand espoir de trouver un passage. »

Il continua à naviguer au sud, en passant entre différentes îles, et prolongea ensuite la côte entre 67 et 57° de latitude. Le 28 août, il rencontra, sous 56° un havre entouré de beaux bois des deux côtés; il y fit dix lieues. Le 4 septembre, étant par 54° de latitude, Davis dit : « J'étais convaincu que j'allais trouver un passage, une mer large et profonde séparant deux terres à l'ouest. » Deux hommes de l'équipage furent tués par les sauvages de cette partie du Labrador. Le temps devint mauvais; chaque jour il s'élevait des tempêtes. On mit donc à la voile le 11 septembre pour l'Angleterre, et l'on arriva au commencement d'octobre.

Il est bon de remarquer que Davis fit toute cette partie du voyage, n'ayant d'autre bâtiment de son expédition que le *Moonshine* qu'il montait; car, arrivé à la hauteur du cap Farewel, il avait donné ordre au *Sunshine* et au *North Star* de chercher au nord, jusqu'au 80.e degré, un passage entre le Groënland et l'Islande. Le 12 juin, ces deux bâtimens touchèrent en Islande, et y restèrent jusqu'au 16. Se dirigeant alors au nord-ouest, ils se trouvèrent, le 3 juillet, entre deux îles de glace stationnaires : ils les tournèrent; et, côtoyant le Groënland à trois lieues de distance et toujours le long des glaces, ils arrivèrent, le 17, à la Terre de désolation; ils entrèrent dans la baie de

Gilbert, rendez-vous désigné : ils y restèrent jusqu'au 31, et, ne voyant pas arriver le *Moonshine*, ils partirent pour l'Angleterre. Le *Sunshine* arriva, le 6 octobre, à Radcliffe ; quant au *North Star*, qui en avait été séparé le 3 septembre par une tempête affreuse, on n'en entendit jamais parler.

§. III.

TROISIÈME VOYAGE. 1587.

Découverte de quelques îles. — Détroit de Cumberland. — Résumé des trois voyages par Davis. — Détails sur ce navigateur.

Le second voyage de Davis n'avait pas été accompagné de circonstances bien encourageantes ; mais aussitôt après son retour, ce navigateur intrépide écrivit à son protecteur, W. Sanderson, dans les termes suivans : « Je connais maintenant, par expérience, une grande partie du nord-ouest du monde, et j'ai amené l'existence d'un passage à ce degré de probabilité, que je suis assuré qu'il ne peut se trouver que dans quatre endroits. » Un troisième voyage fut donc décidé, et l'*Elisabeth*, le *Sunshine* et l'*Hélène* furent les bâtimens choisis pour cette expédition. On partit de Dartmouth le 19 mai, et, le 14 juin, on découvrit la terre, hérissée de très-hautes montagnes couvertes de neige : c'était un groupe d'îles situées sous les 64° de latitude.

Le 24, on était arrivé à 67° 40′, et l'on vit une grande quantité de baleines. On nomma *Côte de Londres* la terre que l'on suivait; c'était la côte occidentale du Groënland. A cette haute latitude, trouvant la mer ouverte à l'ouest et au nord, et le vent poussant au nord, on quitta cette partie de la côte, qu'on nomma *Hope Sanderson* (Espérance Sanderson); et, gouvernant à l'ouest, on fit quarante lieues dans cette direction sans trouver aucune terre. Le 2 juillet, on rencontra un immense banc de glace à l'ouest; les glaçons gênèrent la marche pendant onze ou douze jours. On résolut alors de se rapprocher du rivage, et d'attendre cinq à six jours que la glace se fondit. On espérait que la mer qui la frappait continuellement, et la chaleur du soleil qui était très-forte, ne tarderaient pas à la faire disparaître, et que l'on pourrait continuer à reconnaître les côtes de l'occident ; mais la profondeur de la mer ne permit pas de mouiller l'ancre, et, soit par la faute du pilote, soit par la force de quelque courant, les bâtimens furent jetés hors de leur route, et se trouvèrent, le 19, en face du mont Raleigh. Ils remontèrent de là, pendant soixante lieues, le détroit découvert dans le premier voyage, et qu'on nomme aujourd'hui *détroit de Cumberland;* ils mouillèrent l'ancre à l'extrémité du golfe, au milieu d'îles auxquelles on donna le nom d'*îles du comte de Cumberland.* La variation de la boussole était de 30°; l'air extrêmement chaud. En quittant ces îles, on se dirigea au sud-est, et on passa un détroit situé entre les 62 et 63° de latitude : on le nomma *détroit de Lumley;* c'est celui qui avait été découvert par Frobisher, et qui doit porter son nom.

Doublant un promontoire que l'on nomma

promontoire de Warwick, et traversant un grand golfe, on se trouva, le 1.ᵉʳ août, par les 61° 10′ de latitude, près du cap le plus méridional du golfe; on le nomma *cap Chidley*. Le détroit qui porte le nom d'Hudson sur toutes les cartes, fut donc véritablement découvert par Davis; au reste, celui dans lequel il s'avança jusqu'au plus haut point de latitude septentrionale où il soit arrivé, porte son nom avec justice. On vit cinq daims sur l'*île de lord Darcie*; l'un de ces animaux était aussi gros qu'une vache de bonne taille; un autre était fort gras : leurs peds sont aussi gros que des pieds de bœuf. On partit de là pour l'Angleterre, où l'on arriva le 15 septembre 1787.

Davis, à son arrivée à Dartmouth, écrivit à Sanderson : « J'ai été jusqu'au 73°, trouvant la mer ouverte et quarante lieues d'une terre à l'autre. L'existence du passage est donc très-probable, et il est facile de s'en assurer, comme je vous le démontrerai quand je vous verrai (1).

(1) Voyages et navigations d'Hakluyt.

Il paraît cependant que Davis ne put décider les négocians à continuer ce qu'on pouvait nommer jusqu'alors des expéditions infructueuses ; mais son zèle pour les découvertes ne se refroidit point; c'est ce que prouve un petit traité (1) qu'il publia huit ans après son troisième voyage. Dans cet ouvrage adressé au conseil privé du roi, après avoir présenté beaucoup de raisonnemens ingénieux pour prouver l'existence d'un passage au nord-ouest, et démontré les avantages que l'Angleterre retirerait de cette découverte, il donne en ces termes une relation succincte de ses trois voyages :

« Dans mon premier voyage, ne connaissant pas encore par expérience la nature de ces climats, et aucune carte, aucun globe, aucune relation certaine ne m'indiquant la hauteur à laquelle il fallait chercher le passage, je me dirigeai d'abord au nord, et continuai ensuite mes recherches en descendant au sud. En avançant au nord, je

(1) Description hydrographique du monde, 1595; petit ouvrage très-rare et très-curieux, dont il n'existe peut-être pas trois exemplaires.

trouvai une côte qu'on appelait Groënland dans les anciens temps ; pays rempli de hautes montagnes couvertes de neige, et où l'on n'apercevait aucune trace de bois, d'herbe ni de terre ; le rivage était tellement bordé de glaces jusqu'à deux lieues en pleine mer, qu'aucun bâtiment ne pouvait en approcher. La vue affreuse de cette côte, où le bruit des glaces qui se heurtaient était tel, qu'il produisait parmi nous l'épouvante, nous fit supposer qu'il n'y avait dans ce pays ni créatures animées ni végétaux ; je lui donnai donc le nom de *Terre de désolation*. L'ayant suivie en descendant vers le sud, jusqu'au 60.ᵉ degré, je vis qu'elle tournait à l'ouest ; je la suivis toujours sous la même latitude, et, après cinquante ou soixante lieues, elle prit la direction du nord. Je la prolongeai ; et, après avoir fait trente lieues au nord, le long de cette côte occidentale, nous ne trouvâmes plus de glaces, et nous vîmes, près du rivage, plusieurs belles îles revêtues de verdure ; mais les montagnes de la principale terre étaient toujours couvertes d'une grande quantité de neige.

« Je jetai l'ancre au milieu de ces îles, sous le 64° de latitude, et je m'y arrêtai pour reposer mes gens de la fatigue de ce voyage. Les naturels du pays ayant aperçu nos vaisseaux, vinrent près de nous dans leurs canots, levant la main droite vers le soleil, criant *yliaout* et se frappant la poitrine. Nous en fîmes autant, et ils vinrent à bord. Ils étaient d'assez bonne taille, n'avaient point de barbe ; leurs yeux étaient petits, leur caractère assez doux. D'après les signes qu'ils nous firent, nous comprîmes qu'il y avait une grande mer au nord et à l'ouest. Nous traitâmes ces hommes avec bonté, et nous leur donnâmes des clous et des couteaux, ce qui était de toutes choses ce qu'ils désiraient le plus.

« Nous partîmes alors; et, trouvant la mer sans glace, nous crûmes n'avoir plus de dangers à courir. Nous gouvernâmes ouest-nord-ouest, comptant bien passer dans les mers de la Chine ; mais, sous le 66° de latitude nous rencontrâmes une autre terre, et nous y trouvâmes un autre passage de vingt lieues de largeur, allant directement à l'ouest. Nous espérâmes que c'était celui que nous cherchions ; nous y fîmes trente ou quarante lieues, sans qu'il devînt ni plus large ni plus étroit ; mais voyant que l'année s'avançait, puisque nous étions à la fin d'août, et ne connaissant ni la longueur de ce détroit ni les dangers qu'il pouvait offrir, nous crûmes devoir retourner en Angleterre, et y rapporter la nouvelle du succès que nous avions obtenu pendant cette courte recherche. Nous profitâmes donc d'un bon vent d'ouest, et nous arrivâmes à Dartmouth le 29 septembre.

« Ayant rendu compte de notre voyage à la compagnie par ordre de laquelle il avait été entrepris, je fus chargé, l'année suivante, de chercher à pénétrer jusqu'à l'extrémité de ce détroit, parce que, selon toute vraisemblance, c'était là que devait se trouver le passage qu'on désirait trouver. Les négocians d'Exeter et d'autres villes prirent part à cette seconde entreprise, de sorte qu'étant approvisionnés pour six mois, nous reçûmes ordre de suivre ce détroit jusqu'à ce que nous fussions assurés qu'il débouchait dans une autre mer, à l'ouest de cette partie de l'Amérique, et alors revenir en Angleterre, parce qu'il n'y aurait plus lieu de douter qu'il ne pût servir de communication pour le commerce avec la Chine et les autres parties de l'Asie.

« Nous fîmes voile de Dartmouth, et nous arrivâmes à la partie méridionale de la Terre de désolation; nous suivîmes sa côte occidentale jusqu'à 66° de latitude, et nous jetâmes l'ancre entre des îles qui en sont voisines. Les naturels vinrent encore nous rendre visite, et j'appris d'eux qu'il y avait au nord une grande mer. En cet endroit, le bâtiment sur lequel je comptais le plus, la *Mermaid* de Dartmouth, montra du mécontentement, refusa d'aller plus loin et me quitta. Mais considérant que j'avais donné ma parole formelle à mon digne et excellent ami, M. William Sanderson, qui avait le plus risqué dans cette entreprise, et qui l'avait prise tant à cœur, qu'il y avait placé lui seul autant d'argent que les cinq qui en avaient mis le plus, tandis que beaucoup d'autres s'étaient fait prier pour donner le leur ; sachant aussi que je perdrais les bonnes grâces de M. le secrétaire si je m'écartais de leurs instructions, je continuai seul mon voyage sur un petit bâtiment de trente tonneaux, équipé par M. Sanderson.

« Arrivé dans ce détroit, je le suivis pendant quatre-vingts lieues, et je trouvai alors plusieurs îles entre lesquelles il y avait un flux et reflux de six brasses ; les habitans ne cherchaient qu'à nous voler, ce qui nous fit connaître que ce n'étaient pas des chrétiens d'Europe. Enfin, après toutes mes recherches, je trouvai peu d'espoir d'aller plus loin par cette route ; revenant donc sur mes pas, je regagnai la mer, et côtoyai le rivage en descendant vers le sud, car il était trop tard pour remonter vers le nord. Nous trouvâmes alors une autre grande baie d'environ quarante lieues de largeur et où la mer entrait avec une grande impétuosité. Nous pensâmes que ce pouvait être un passage ; car, d'après tout ce que j'ai remarqué dans ces parages, je ne doute pas que toutes les parties de l'Amérique septentrionale ne soient des îles. Je ne m'enfonçai pourtant pas dans cette baie, parce que je n'avais qu'un petit bâtiment de trente tonneaux, et que l'année était avancée, car nous étions alors au 7 de septembre.

« Côtoyant donc le rivage, en descendant vers le sud, nous vîmes un nombre incroyable d'oiseaux; et, comme nous avions divers pêcheurs à bord, ils en conclurent tous que la mer devait être très-poissonneuse. Nous n'avions rien de ce qu'il fallait pour pêcher, mais nous fîmes des hameçons avec de longs clous que nous recourbâmes et que nous attachâmes à des lignes de sondes. Avant d'avoir changé les appâts, nous avions pris plus de quarante grandes morues, ces poissons nageant autour du bâtiment en quantité difficile à croire. Nous en salâmes une partie pour les conserver, et nous repartîmes pour l'Angleterre.

« Ayant fait rapport à M. le secrétaire du succès de mon voyage, il m'ordonna de présenter au grand trésorier d'Angleterre une partie de ce poisson; sa seigneurerie, en le voyant, et en entendant la relation détaillée de ma seconde tentative, me conseilla de persévérer dans cette entreprise dont il avait fort bonne opinion. Plusieurs intéressés y renoncèrent pourtant, entre autres les négocians de l'ouest et la plupart de ceux de Londres; mais de dignes et respectables personnages me continuèrent leur bienveillance, de sorte que l'année suivante on équipa deux vaisseaux pour la pêche, et une pinasse pour suivre les découvertes.

« Je partis encore de Dartmouth, et j'arrivai, grâce à Dieu, à l'endroit favorable pour la pêche; j'y laissai, suivant mes instructions, les deux vaisseaux qui devaient s'en occuper, après leur avoir fait promettre de ne pas repartir avant mon retour, qui aurait lieu vers la fin d'août. Mais, seize jours après mon départ, les deux navires ayant complété leur chargement, partirent pour l'Angleterre sans songer à leur promesse; tandis que, comptant sur leur bonne foi, je continuai à m'avancer dans une mer ouverte entre le nord et le nord-ouest, jusqu'à 67° de latitude. Là, je pouvais apercevoir l'Amérique à l'ouest (1), et la Terre de la désolation à l'est. Lorsque je vis la terre des deux côtés, je commençai à craindre de ne me trouver que dans un golfe ; mais, voulant en acquérir la pleine certitude, je continuai à avancer, et, à 68 degrés, le détroit s'élargit de manière que je ne voyais plus la côte occidentale. Je continuai ainsi à naviguer dans une grande mer, sans aucunes glaces, côtoyant le rivage occidental de la Terre de désolation. Les naturels venaient autour du bâtiment par troupes de vingt, quarante et cent canots, apportant du poisson sec, des saumons, des morues, des perdrix, des faisans et des oiseaux de mer. Je tâchai de leur faire entendre par signes que je désirais savoir s'il y avait une grande mer au nord; nous comprîmes, par les leurs, qu'ils répondaient affirmativement à cette question.

« Je quittai cette côte, comptant décou-

(1) Cette terre devait être l'*île James* de quelques-unes de nos cartes. L'existence en est pourtant regardée comme douteuse.

vrir les parties septentrionales de l'Amérique; et, après m'être avancé quarante lieues à l'ouest, je fus arrêté par un grand banc de glaces. Le vent soufflant du nord, je fus obligé de côtoyer ce banc en descendant vers le sud; je ne vis aucune terre à l'ouest; il n'y avait aucunes glaces du côté du nord; la mer y était libre, l'eau bleue, très-salée, et la sonde n'en pouvait trouver le fond. Revenant ainsi vers le sud, j'arrivai à l'endroit où j'avais laissé les deux bâtimens pêcheurs, mais je ne les y trouvai plus. Abandonné de cette manière, et me confiant à la providence d'un Dieu de miséricorde, je mis à la voile pour l'Angleterre, et j'arrivai sans accident à Dartmouth, ce que j'osais à peine espérer.

« Il semblait évident, par cette dernière découverte, que le passage était libre et sans obstacle du côté du nord; mais à cause de la flotte d'Espagne et de la mort de M. le secrétaire, on ne pensa plus à faire un nouveau voyage.

« Le motif pour lequel j'écris cette relation détaillée de tout ce que j'ai fait pour parvenir à cette découverte, c'est pour que l'on ne demande pas : Pourquoi Davis n'a-t-il pas trouvé le passage, après l'avoir cherché trois fois? On voit jusqu'où je me suis avancé, et de quelle manière on peut tracer le passage, sur le globe qu'a fait exécuter à ses frais M. Sanderson, dont les efforts pour le bien public méritent les plus grands éloges. Ce globe fut l'ouvrage de M. Mollineux, homme doué d'un grand jugement et fort instruit dans les sciences; j'ai simplement engagé M. Sanderson à charger M. Mollineux de ce travail, qui est exécuté avec une rare perfection (1). »

On a peu de renseignemens sur la vie et

---

(1) On voit encore deux globes de Mollineux dans la bibliothèque de *Middle Temple*. Dalrymple dit : « La date du globe céleste s'y lit encore, 1592; mais celle du globe terrestre a été visiblement altérée à la plume, et changée en 1603. (*Mémoire sur une carte des terres autour du pôle arctique*, 1789.) » Il faut espérer qu'on n'y a pas fait d'autres changemens, toutes les découvertes de Davis ayant été marquées sur le globe terrestre sous son inspection immédiate.

la famille de ce navigateur intrépide ; il n'a pas même trouvé place dans nos dictionnaires biographiques, tandis qu'un obscur Américain, portant son nom, a été jugé digne d'occuper une niche dans ce temple de mémoire (1). Dans le petit traité dont je viens de parler, il signe Jean Davis de Sandrudg, près Dartmouth, *gentleman* (2). Il y parle d'un petit traité qu'il composa sur la navigation, et qu'il nomma les *Secrets du marin*. Il écrivit aussi un *Routier*, ou courtes directions pour naviguer aux Indes orientales (3). Sir W. Monson, qui n'était point

---

(1) La *Biographie universelle* française, rédigée par plusieurs gens de lettres et publiée par M. Michaud, ne mérite pas le même reproche. Un article étendu y est consacré à Jean Davis. Il a pour auteur M. J.-B. Eyriès. *Voy.* T. X, p. 614. (T.).

(2) Le mot *gentleman* n'a pas d'équivalent en français ; il signifie un homme qui n'appartient pas à la noblesse, mais qui est élevé au-dessus de la classe commune par sa fortune, son éducation ou son état.
(*Note du traducteur*).

(3) Les Grands Hommes du comté de Devon, par Prince. — Il y a peut-être erreur dans cette asser-

partisan de la découverte d'un passage au nord-ouest, convient que Frobisher et Davis lui donnèrent des raisons très-plausibles en faveur de son existence, et il ajoute en même temps qu'il y aurait plus de probabilité pour le trouver en faisant voile plein nord et passant sous le pôle, ce qui réduirait à quinze cents lieues la traversée d'Angleterre en Chine (1). Davis, après ses découvertes dans le nord, fit plusieurs voyages dans les Indes orientales au service des Hollandais. Plusieurs ont été imprimés (2), et prouvent que c'était un habile observateur, un homme plein de sagacité et de bon sens.

« Ce fut, dit Prince (3), le premier pilote qui conduisit les Zélandais aux Indes orientales. Il partit de Middelbourg en mars 1598, et, en juin 1599, arriva à Sumatra, où lui et deux ou trois autres Anglais furent très-

tion. L'auteur du *Routier* signe John Davis de Limehouse. (T.)

(1) Traités de Marine, par Monson.
(2) On en trouve deux dans Purchas.
(3) Les Grands Hommes du comté de Devon, par Prince.

maltraités par des Hollandais. Ce grand navigateur, ajoute-t-il, ne fit pas moins de cinq voyages aux Indes orientales, et en revint sain et sauf, exemple d'une Providence admirable, et preuve que le Dieu de la terre est aussi celui des mers. » On ne sait rien de plus sur ce hardi navigateur, si ce n'est qu'il épousa Faith, fille de sir John Fulford, de Fulford, comté de Kent, et de Dorothée son épouse, fille de John Lord Bourchier, comte de Bath. Mais où mourut-il, où fut-il enterré, eut-il des descendans, c'est ce que la postérité doit se résoudre à ignorer (1).

(1) On voit, dans la *Biographie universelle* française, T. X, p. 615, que Davis fut tué le 29 décembre 1605, sur un vaisseau anglais, près de Patane, dans les Indes, par des pirates japonais, dont on avait pris la jonque. Il était alors premier pilote de la flotte de Michelbourg. Il avait précédemment accompagné, dans la même qualité, James Lancaster, qui fonda le commerce de l'Angleterre dans les Indes orientales. (T.)

CHAPITRE XII.

MALDONADO. 1588.

Voyage apocryphe. — Manière dont il a été connu du public.

Le nom de MALDONADO est bien connu dans la littérature espagnole; ce fut sans doute cette raison qui le fit choisir pour couvrir la relation d'un voyage fabuleux. On supposa que le navigateur qui portait ce nom avait effectué par le nord-ouest le passage de l'Océan atlantique dans le grand Océan, et en était revenu l'année suivante par la même route.

Nicolas Antonio, auteur de la *Bibliothèque espagnole*, dit, dans l'article de Laurent Ferrer Maldonado, qu'il avait de grandes connaissances en marine et en géographie, et qu'il avait publié un livre intitulé :

Imagen del Mundo, etc. (1). Antonio ajoute qu'il avait vu entre les mains de Mascarenas, évêque de Ségovie, le manuscrit original de la relation d'un voyage contenant la découverte du détroit d'Anian, faite par l'auteur en 1588 (2).

Antonio de Léon Pinelo rend aussi témoignage aux talens de Maldonado, comme navigateur, et dit qu'il présenta au conseil des Indes, dont Pinelo était membre, deux plans, l'un pour rendre impossible la variation de l'aiguille magnétique, et l'autre pour déterminer la longitude en mer (3).

Les Espagnols, qui reconnaissent Maldonado pour un bon navigateur et un homme de génie, n'ont pas voulu discréditer complétement une imposture qu'il

(1) *Imagen del Mundo sobre la Esfera, Cosmographia*, etc. Comp. apud Joh. Garsiam, 1626.

(2) *Relacion del Descubrimento del Estrecho de Anian hecho por el autor*, etc. — Bibl. Hisp., Tom. II.

(3) *Epitome de la Bibl. oriental.*, etc. Madrid, 1629.

n'était peut-être pas très-facile de découvrir à l'époque où elle eut lieu, mais qui, depuis cinquante ans, ne pouvait en imposer à quiconque avait tant soit peu de connaissances sur l'objet dont il sagit ici ; un examen attentif aurait même fait reconnaître la fausseté de cette relation dans le temps où elle parut. Quoi qu'il en soit, les Espagnols ont donné quelque crédit à l'autorité de ce prétendu voyage, même jusqu'en 1789 ; car, lorsque les corvettes la *Discubierta* et l'*Atravida* furent expédiées sous les ordres de Malaspina pour reconnaître les baies et les passages qui pouvaient se trouver sur la côte nord-ouest de l'Amérique septentrionale, entre les 53 et 60° de latitude, un des objets de cette expédition fut de découvrir le détroit par lequel Laurent Ferrer Maldonado était supposé avoir passé, en 1588, de la côte du Labrador dans le grand Océan. Ce voyage de Malaspina n'a pas encore été publié, quoiqu'on dise depuis long-temps qu'il est sous presse ; mais ce qui prouve que cette découverte était un des principaux motifs de ce voyage, c'est qu'une lettre d'un ami particulier de Malaspina, employé dans cette expédition, annonce qu'une copie du journal de Maldonado lui fut remise par le duc de l'Infantado. On voit aussi, dans l'introduction qui précède le voyage du *Sutil* et de la *Mexicana*, publié à Madrid en 1802, que le commandant de cette expédition reçut également une copie manuscrite du prétendu voyage de Maldonado.

Voici de quelle manière ce voyage fabuleux a été connu du public.—M. Amoretti, bibliothécaire de la bibliothéque ambrosienne à Milan, en examinant les manuscrits confiés à ses soins, dans la vue de publier, conformément aux intentions du cardinal Borromée, fondateur de cette bibliothèque, ceux qui traitaient d'objets nouveaux et instructifs, fut frappé du titre d'un petit volume écrit en espagnol, qui était : *Relation de la découverte du détroit d'Anian, par Laurent Ferrer Maldonado*, etc. Amoretti fut d'abord tenté de regarder cet ouvrage comme une fiction composée pour amuser la curiosité; mais, en le lisant avec attention, il le trouva marqué d'un tel caractère d'authenticité et de véracité, qu'il résolut de le traduire et de le publier, en y ajoutant quelques notes et une dissertation succincte, pour prouver qu'on y trouvait ces deux qualités réunies. Ce qui le porta surtout à publier ce manuscrit, fut que M. de Humboldt et d'autres savans l'avaient relégué, sans en connaître le contenu, dans la foule des impostures géographiques.

M. Amoretti ne trouva pourtant qu'un seul partisan de la vérité et de l'authenticité du voyage en question, M. Buache, géographe français, qui, en 1790, lut un mémoire à ce sujet devant l'Académie des sciences de France. La fausseté en est pourtant démoutrée sans réplique par toutes les circonstances qui y sont rapportées, et qui sont diamétralement opposées aux connaissances positives que nous possédons aujourd'hui. Cet ouvrage ne peut en imposer qu'à des gens d'une ignorance grossière en géographie, et ses nombreux anachronismes auraient suffi pour en faire reconnaître la fausseté, même à l'époque où ce voyage est supposé avoir eu lieu.

Il est vraisemblable que ce manuscrit, comme beaucoup d'autres, a été enseveli dans la poussière des archives d'état en Espagne, et y est resté caché si long-temps, que, lorsqu'il vit la lumière, il fut aussi nouveau pour l'Espagne que pour le reste du monde. Il est évident qu'il n'a été fabriqué que plusieurs années après la date qu'on lui a donnée, car il y est question des découvertes de Quiros, qui ne furent connues qu'en 1607. Le capitaine Burney a conjecturé que c'était l'ouvrage de quelque Flamand; les distances y étant comptées en lieues d'Allemagne, de quinze au degré, et non en lieues d'Espagne, de 17 et demi au degré.

Au surplus, comme cette relation, quel que soit son mérite, est une pièce curieuse et peu connue, nous en donnerons, à la fin de cet ouvrage (1), une traduction faite sur le manuscrit original, qui est au duc de

---

(1) *Voy.* l'Appendix, N.º 2.

l'Infantado, et qui a été communiqué par don Philippe Bauza, surintendant du département hydrographique à Madrid (1).

(1) On peut voir l'imposture du voyage de Maldonado dévoilée dans l'Histoire des Voyages de Burney; dans le *Quaterly Review*, N.° XXXI, et dans le journal du baron de Zach, par le baron de Lindenau, 1812.

CHAPITRE XIII.

JUAN DE FUCA. 1592.

Il pense avoir découvert le passage. — Raisons pour croire à la vérité de ce voyage.

L'AUTHENTICITÉ de la relation du voyage de JUAN DE FUCA, parti d'un port de la Nouvelle-Espagne pour la découverte du détroit d'Anian, repose sur de meilleurs fondemens que le récit de Maldonado. La véracité de l'écrivain a souvent été révoquée en doute, parce qu'il se trompe dans ses conclusions; mais les faits qu'il rapporte ont été tant de fois vérifiés de nos jours, que l'on ne peut guère soupçonner la réalité de ce voyage; d'ailleurs l'on n'a appris qu'indirectement le peu que l'on en sait. Ce n'est que le résultat d'une conversation entre deux personnes, dont l'une n'établissait peut-être pas bien les faits sur plusieurs points, et dont l'autre ne les comprenait qu'imparfaitement.

Dans des conjonctures semblables on ne doit pas s'armer de toute la sévérité de la critique contre la relation de Juan de Fuca. Voici l'histoire de ce voyage; elle consiste en une note transmise en Angleterre par Michel Lok, qui avait été consul à Alep.

« Etant à Venise, dit-il, en avril 1596, il y arriva heureusement un homme d'environ soixante ans, qu'on appelait ordinairement Juan de Fuca, mais dont le nom véritable était Apostolos Valérianos, Grec de nation, né à Céphalénie, marin de profession, et ancien pilote de vaisseaux. »

Lok raconte ensuite qu'un Anglais, nommé John Douglas, lui amena ce pilote grec, qui lui fit le récit suivant en italien et en espagnol. « J'ai passé quarante ans dans les Indes occidentales espagnoles; je me trouvais sur le navire espagnol qui, en revenant des Philippines à la Nouvelle-Espagne, fut pris et pillé par le capitaine anglais Candish, ce qui me fit perdre 60,000 ducats en marchandises qui m'appartenaient. J'ai depuis été pilote de trois petits bâtimens partis du Mexique, par ordre du vice-roi, avec cent hommes, pour découvrir le détroit d'Anian, le long des côtes de la mer du sud, et pour fortifier ce détroit de manière à empêcher les Anglais d'y passer; mais les équipages s'étant révoltés, on ne put exécuter dans ce voyage le projet de cette découverte. »

« Le vice-roi du Mexique m'envoya de nouveau, en 1592, avec une petite caravelle et une pinasse, reprendre la découverte du détroit d'Anian, et du passage qui conduit à la mer vulgairement appelée Mer du nord; et, après avoir côtoyé la Nouvelle-Espagne et la Californie, je vis, entre les 47 et 48° de latitude, que la terre courait au nord et au nord-est, et présentait une large ouverture; je m'y engageai et j'y naviguai l'espace de vingt jours. En quelques endroits, la terre s'étendait vers le nord-est; dans d'autres, vers le nord-ouest; et le passage qui devenait beaucoup plus large qu'il ne l'était à son ouverture, contenant plusieurs îles. Je mis souvent à terre, et je vis nombre d'habitans couverts de peaux de bêtes; le pays me parut très-fertile, et il abonde en or, en argent et en perles. Je parvins ainsi jusqu'à la Mer du nord; j'avais reconnu que le détroit, sur toute sa longueur, était d'une largeur suffisante pour la navigation; l'embouchure par laquelle j'étais entré m'avait paru avoir trente ou quarante lieues de large. Deux motifs me déterminèrent alors à faire mon retour par le même passage; d'abord j'avais découvert le passage d'une mer à l'autre, ensuite je craignais que si je venais à être attaqué par les sauvages, mes forces ne fussent pas suffisantes pour résister à leur nombre. En repassant par l'entrée du détroit, je reconnus que la pointe qui le terminait au nord était très-élevée et surmontée d'un rocher très-haut qui ressemblait à une colonne. Je retournai donc à Acapulco, en 1592. J'espérais recevoir du vice-roi de la Nouvelle-Espagne une récompense pour la découverte que je venais de faire. J'attendis vainement deux ans. Le vice-roi m'envoya en Espagne; je fus bien reçu à la cour, mais je ne pus obtenir de récompense. J'abandonnai donc l'Espagne, et je suis venu en Italie, afin de retourner dans mon pays et de m'y retirer au milieu de ma famille.

« Espérant, ajouta-t-il, que la reine d'Angleterre l'indemniserait de la perte des marchandises que le capitaine Candish lui avait enlevées, il était disposé à se rendre en Angleterre, et à faire, pour le service de la reine, un voyage au nord-ouest pour découvrir le passage dans la Mer du sud. Il ne demandait, pour exécuter ce projet, qu'un bâtiment de quarante tonneaux et une pinasse, et il comptait aller en trente jours d'une extrémité du détroit à l'autre. »

Lok manda ces particularités au grand trésorier Cécile, à sir Walter Raleigh et au célèbre géographe Hakluyt, et leur représenta combien il était intéressant pour l'Angleterre de s'attacher un homme tel que Fuca, et demanda cent livres sterling pour les frais de son voyage. On applaudit au projet; mais l'argent n'était pas prêt, et on oublia cette affaire pour le moment. Lok ayant enfin fait ses préparatifs pour retourner en Angleterre, écrivit, en juillet 1596, au vieux pilote, qui était alors à Céphalénie ; celui-ci répondit, en septembre, qu'il était toujours disposé à se rendre en Angleterre, et que vingt autres braves gens se tenaient prêts à l'accompagner ; mais il demandait la valeur des marchandises dont il continuait à accuser le capitaine Candish de l'avoir dépouillé. Lok ayant été retenu encore quelque temps à Venise, lui écrivit une nouvelle lettre en 1597, puis une autre plus tard. Le pilote lui répondit en grec, le 20 octobre 1598, qu'il était encore disposé à aller en Angleterre, si on lui envoyait de l'argent pour les frais du voyage.

« Enfin, dit Lok, j'étais à Zante en juin 1602, et j'avais le dessein de passer de là en Angleterre par mer. Ayant reçu quelque argent, j'écrivis encore une fois à ce vieux pilote grec, et je l'engageai à venir me joindre à Zante pour aller avec moi en Angleterre, mais je n'en reçus aucune réponse. J'appris ensuite à Zante qu'il était, à l'époque dont je parle, mort, ou mourant d'une maladie dangereuse (1). »

Les Espagnols prétendent ne pas connaître le voyage dont parla le vieux pilote grec, mais ce n'est pas une raison pour douter de sa véracité. Lok était un homme revêtu d'un caractère public ; il habitait l'Angleterre, lorsque Purchas publia sa narration. Il était connu comme traducteur des cinq dernières Décades de Pierre Martyr, qui traitent des découvertes en Amérique. Candish lui-même raconte qu'à bord du vaisseau espagnol, richement chargé, qu'il prit à la hauteur du cap de la Californie, il se trouvait un pilote expérimenté (2). Mais l'argument le plus puissant en faveur de la réalité du voyage de Juan de Fuca est la découverte qu'on a faite ensuite sur la côte nord-ouest de l'Amérique, d'une ouverture située exactement au même endroit où le vieux pilote plaçait celle où

(1) Note faite par Michael Lok. — Purchas, Vol. III.
(2) Voyage de Candish.—Purchas, Vol. I.

il s'était engagé. Il s'y trouve des îles, et de larges détroits conduisant dans diverses directions, comme il l'avait dit. Il est vrai que ce détroit finit par conduire dans une autre partie du grand Océan, plus au nord, tandis que Fuca crut être arrivé dans l'Océan Atlantique, erreur qui n'est pas très-surprenante, à cette époque où l'art de la navigation était encore peu avancé, où les instrumens étaient imparfaits, où la théorie n'avait fait que peu de progrès, et, l'on peut ajouter, où l'on croyait fermement à l'existence de la communication que Fuca cherchait entre l'Océan Atlantique et la mer Pacifique.

Quand donc le feu docteur Douglas prononça si brusquement que l'histoire de Fuca n'est qu'une imposture fabriquée (1), il commit une grande injustice envers la mémoire de ce vieux pilote; car à peine venait-il de faire imprimer ce trait de critique peu mérité, que le détroit, la mer, les îles, et les sauvages vêtus de peaux d'a-

---

(1) Introduction au dernier voyage de Cook.

nimaux, furent reconnus par Meares. Depuis ce voyage, Vancouver et plusieurs autres ont confirmé la découverte, et leurs descriptions sont conformes à celle que Lok tenait de la bouche du vieux pilote.

Les géographes modernes voulant rendre justice à la mémoire de celui qui découvrit le premier la baie de la Reine Charlotte, fermée à l'ouest par l'archipel qui se trouve sur la côte nord-ouest de l'Amérique septentrionale, entre les 48 et 50° de latitude, ont donné à son entrée méridionale le nom de *Détroit de Juan de Fuca*.

CHAPITRE XIV.

CORNELIS CORNELISEN, GUILLAUME BARENTZ ou BARENTSEN, et BRANDT YSBRANTZ.

§. I.er

PREMIER VOYAGE. 1594.

Arrivée au détroit de Waigatz. — On trouve une mer ouverte. — On croit avoir découvert le passage. — Description du Morse. — Retour en Hollande.

Les Provinces-Unies des Pays-Bas n'eurent pas plus tôt été délivrées du joug de l'Espagne, grâce surtout aux efforts de l'Angleterre, que la capitale de la Hollande commença à commercer au loin, et que l'esprit d'entreprise se manifesta parmi cette nation industrieuse. Il l'éleva bientôt à un degré de puissance et de prospérité qu'elle n'avait jamais atteint, et que ses libérateurs connaissaient à peine.

Désirant participer, comme les autres puissances maritimes de l'Europe, au commerce de l'Orient, il était évident qu'un passage qui aurait conduit les Hollandais aux Indes et à la Chine par le nord, leur aurait été plus avantageux qu'à aucun autre peuple. Pour tâcher de découvrir ce passage, les Provinces-Unies équipèrent, en 1594, trois navires, dont un fut fourni par la ville d'Amsterdam, un par la Zélande, et l'autre par Enckhuysen. Le premier, nommé le *Messager*, était commandé par BARENTZ; le deuxième, le *Cygne*, par CORNELISSEN, amiral de la flotte; et le dernier, le *Mercure*, par YSBRANTZ. Barentz prit avec lui un yacht de pêcheur.

Les bâtimens de la Zélande et d'Enckhuysen mirent à la voile de compagnie le 5 juin, arrivèrent à Kilduyn, en Laponie, le 23, en partirent le 2 juillet, passèrent Kolgoy le 5, et rencontrèrent bientôt des glaces et des phoques en abondance. Se dirigeant à l'est, ils trouvèrent l'air aussi chaud vers la mi-juillet que pendant la canicule en Hollande; les moucherons leur furent excessivement incommodes.

En approchant de l'île et du détroit de Waigatz, ils virent une grande quantité de bois flottant sur la mer; il y en avait, sur le rivage de l'île, de grandes piles qui semblaient arrangées avec art; il s'y trouvait de très-gros arbres avec toutes leurs racines. Cette île parut couverte de verdure, embellie d'une multitude de belles fleurs. En doublant son extrémité méridionale, ils remarquèrent trois à quatre cents idoles de bois, représentant des hommes, des femmes et des enfans, la figure tournée en général vers l'Orient. Les Hollandais donnèrent à cette pointe de terre le nom d'*Afgoden Hoek*, ou Pointe des Idoles; mais les Russes l'appellent *Waigati Noss*, ou cap des Images sculptées. De là vient le nom de Waigatz, qu'on a mal à propos supposé d'origine hollandaise, *wai gat* signifiant en cette langue détroit ou enfoncement sujet aux vents ou aux tempêtes. Mais la première étymologie est incontestablement la véritable, le nom de Waigatz ayant été connu de Burrough en 1565, long-temps avant qu'aucun Hollandais se fût avancé aussi loin à l'est.

Après avoir passé le détroit, les Hollandais continuèrent leur route à l'est; mais les glaces leur opposèrent de grandes difficultés. Enfin ils en rencontrèrent une si grande quantité, qu'ils furent obligés de rebrousser chemin. Voyant néanmoins qu'elles se séparaient et se divisaient tant par suite du changement de vent qu'à cause du courant, ils se dirigèrent de nouveau vers l'est, et arrivèrent dans une mer dont les eaux étaient profondes, de couleur bleue, et presque entièrement dégagées de glaces. Ils n'étaient pas alors à plus de quarante lieues du détroit de Waigatz, et ils voyaient clairement au sud la terre, se prolongeant au sud-est. Ces circonstances leur persuadèrent tellement que le passage au Cathay leur était ouvert, qu'au lieu de continuer leurs recherches pour le découvrir, ils résolurent de retourner en Hollande, afin d'être les premiers à y porter cette heureuse nouvelle. Ils repassèrent donc le détroit, donnèrent des noms à quelques îles qui en avaient déjà, touchèrent à Kilduyn, et arrivèrent dans leur patrie le 26 septembre. La partie du voyage contenant les opérations des deux bâtimens qui faisaient voile de compagnie, a été écrite par H. Van Linschoten, et celle qui suit par Gérard de Veer.

Barentz, commandant le *Messager*, après avoir traversé la mer Blanche, fit voile au nord-est. Ayant vu la côte occidentale de la Nouvelle-Zemble le 4 juillet, il la suivit en remontant au nord, donna les noms de *Langenes* et de *Bapo* à deux promontoires, et celui de *Lomsbay* à une belle baie dans laquelle il mouilla. Ce nom lui fut donné d'après une espèce d'oiseaux de mer nommés ainsi par les Hollandais, et qui s'y trouvaient en grand nombre. La latitude de cette baie était 74° 45′. Il passa ensuite l'*île de l'Amirauté*, le *cap Noir*, l'*île Guillaume*, qui est à 75° 55′. La mer avait jeté beaucoup de bois sur les côtes. Il vit aussi une grande quantité de morses, et y trouva un ours blanc d'une force et d'une taille extraordinaires. Après l'avoir blessé d'un coup de feu, les gens de l'équipage lui jetèrent une corde autour du corps pour l'entraîner dans la chaloupe; mais cet animal y entra presque de son plein gré, et s'avança vers ses ennemis, qui se mirent à fuir au bout opposé; heureusement la corde s'embarrassa dans le gouvernail, et l'arrêta dans sa course; alors un homme de l'équipage, devenu plus hardi, s'approcha par derrière, et le tua d'un coup de lance.

Naviguant ensuite au nord, il doubla l'*île des Croix*, puis la *Pointe Nassau*, environ sous le 77° 25' de latitude, et rencontra des glaces si étendues, que, du haut du grand mât, l'on n'en pouvait voir la fin. Revenant au sud, il nomma la pointe de la Nouvelle - Zemble, sous le 70°, la plus proche *Pointe des glaces*. On y trouva certaines pierres qui brillaient comme de l'or, et que, pour cette raison, l'on nomma pierres d'or. Plus au sud, on donna le nom d'*Orange* à des îles, sur le rivage de l'une desquelles on vit environ deux cents morses qui se chauffaient au soleil. Les Hollandais les attaquèrent avec des haches, des coutelas et des piques, sans pouvoir en tuer un seul, et eurent recours au cruel expédient de leur briser les dents.

Le morse n'est pas mieux décrit par Cook que par Deveer dans cette relation. « C'est, dit-il, un monstre de la mer d'une force prodigieuse, beaucoup plus gros qu'un bœuf, se tenant continuellement dans l'eau, ayant la peau comme celle du phoque, le poil fort court, la gueule comme celle du lion : on le voit souvent couché sur la glace. Il est difficile de le tuer, à moins qu'on ne le frappe précisément sur le front. Il a quatre pattes, n'a point d'oreilles, et porte ordinairement deux petits à la fois. Quand le pêcheur les trouve avec leurs petits sur un morceau de glace, la femelle jette ses petits devant elle dans la mer, plonge pour les suivre, et les prend entre ses pattes de devant. Quand elle veut attaquer une chaloupe ou résister aux pêcheurs, elle jette encore ses petits à l'eau, et dirige toutes ses forces contre ses ennemis. Nos gens coururent une fois un grand danger; un morse femelle ayant presque percé avec ses dents l'arrière de la chaloupe, pensa la renverser; mais ils poussèrent de si grands cris, que la bête fut effrayée et s'enfuit à la nage en emportant ses deux petits. Cet animal a deux dents qui lui sortent de la gueule, une de chaque côté; elles ont environ une demi-aune de long, et sont aussi estimées que l'ivoire ou dent d'éléphant (1). »

Les glaces flottantes s'accumulèrent en si grande quantité, le temps devint si froid, le brouillard si épais, les tempêtes furent si fréquentes, que l'équipage commença à murmurer, et finit par refuser d'aller plus loin. En conséquence, le 1.er août, Barentz consentit à retourner au sud par le même chemin qu'il était venu. En suivant la côte jusqu'au 71° 33′ de latitude, on découvrit une grande baie. Barentz jugea que c'était celle de *Costine Sarca*, où Olivier Bru-

---

(1) Trois voyages faits par les Hollandais dans les mers du nord, 1607.

nel (1) était entré auparavant. On descendit à terre plus loin, vers le sud, à la *Pointe de Sion*, et l'on reconnut que des Européens y avaient abordé, car on y trouva six sacs de seigle, une croix, un morceau de pierre, un boulet de canon, et trois maisons construites en bois, près desquelles il y avait des cercueils remplis de pierres, à côté de tombeaux renfermant des ossemens humains; on y vit aussi des débris d'un bâtiment russe naufragé, la quille avait quarante pieds de longueur. On nomma ce havre de *Meel-Haven* (le havre du Repas), en reconnaissance des vivres qu'on y avait trouvés. Le 15, on arriva en vue de deux îles nommées *Matfloe* et *Delgoy*, où l'on rencontra la *Zélande* et l'*Enckhuysen*, qui avaient le même jour repassé le détroit de Waigatz en retour. Ils racontèrent qu'étant allé à l'est jusqu'à l'Oby, à ce qu'ils présumaient, ils avaient été près du cap Tabin, partie de la Tartarie qui s'avançait

(1) Anglais dont les Hollandais ne font qu'une mention vague.

vers le royaume du Cathay, et qu'au sud-est de Waigatz ils avaient découvert une petite île qu'ils avaient nommée *île des Etats*, et y avaient trouvé beaucoup de pierres de cristal de roche, qui est une espèce de diamant. De là les trois vaisseaux firent voile ensemble, et arrivèrent dans le Texel le 26 septembre, comme on l'a vu plus haut.

§. II.

GUILLAUME BARENTZ.

SECOND VOYAGE. 1595.

Préparatifs immenses pour ce voyage. — Départ tardif de l'expédition. — Ours monstrueux. — Retour en Hollande.

Le prince Maurice et les états généraux des Provinces-Unies conçurent, d'après le rapport des capitaines de l'expédition précédente, et surtout d'après celui de Linschoten, les plus vives espérances de découvrir un passage pour arriver en Chine par l'est. On fit donc équiper une flotte de sept bâtimens pour une nouvelle expédition. Six furent chargés de différentes espèces de marchandises et d'argent monnoyé. On nomma des subrécargues, pour disposer de ces marchandises. Jacques de Heemskerke était le chef de l'entreprise; Guillaume Barentz en fut nommé pilote major. Le septième bâtiment était une petite pinasse qui, en arrivant au cap Tabin, devait reconnaître le reste du passage et en rapporter des nouvelles.

Ces immenses préparatifs furent rendus entièrement inutiles par la lenteur que l'on y mit. La flotte n'étant sortie du Texel que le 2 juillet, elle n'arriva devant la Nouvelle-Zemble que le 17 août, époque où, si l'entreprise eût eu le succès dont on se flattait, on eût déjà dû être à la hauteur des îles Aléoutiennes, dans le nord du grand Océan. Les Hollandais trouvèrent alors, comme on aurait dû le prévoir, la côte de la Nouvelle-Zemble inabordable à cause des glaces. Tournant donc au sud, ils passèrent le détroit de Waigatz, et débarquèrent sur sa côte septentrionale, où ils ne rencontrèrent ni hommes ni habitations. Le 23, ils virent un canot russe, de Petchora, qui était allé faire un tour vers le nord pour chercher des dents de morse, de l'huile de baleine et des oies. Ceux qui montaient cette barque, construite d'écorces d'arbres cousues ensemble, dirent aux Hollandais que les vaisseaux auxquels elle appartenait devaient venir des côtes de la Russie les prendre, puis aller par l'Oby, à une ville de Tartarie nommée Ugoleta; ils ajoutèrent que la sortie du détroit ne serait tout-à-fait fermée par les glaces que dans deux mois ou deux mois et demi, mais qu'alors on pourrait aller en Tartarie sur les glaces.

Au sud de Waigatz, les Hollandais eurent quelques communications avec les Samoyèdes, que l'historien du voyage décrit dans le plus grand détail. On apprit d'eux, par le moyen d'un interprète, qu'en naviguant pendant cinq jours au nord-est, on arriverait à un promontoire au-delà duquel était une grande mer s'étendant au sud-est. Cet avis fit grand plaisir, car il s'accordait avec l'idée que les Hollandais avaient conçue d'un passage au Cathay. Ils se séparèrent de ces sauvages en bonne intelligence; mais comme ils emportaient dans leur barque une des idoles, un Samoyède vint la chercher, en leur faisant comprendre qu'ils avaient commis une très mauvaise action en la prenant. On la lui rendit, et le Samoyède s'empressa d'aller la replacer sur une montagne au milieu de plusieurs centaines d'autres figures semblables.

Le 6 septembre, quelques matelots étant descendus dans une île pour y chercher de ces pierres qui étaient une espèce de diamant, deux d'entre eux se trouvaient assez près l'un de l'autre. Un grand ours blanc, très-maigre, s'approcha doucement d'eux par derrière, et en saisit un par la nuque du cou. Celui-ci ne sachant ce que c'était, s'écria : Qui est-ce qui me prend ainsi par le cou? Son compagnon, ayant tourné la tête, lui dit : O mon cher ami! c'est un ours, et aussitôt il s'enfuit. L'ours fracassa avec ses dents la tête de ce malheureux, et se mit à lécher son sang. Le reste des hommes qui étaient à terre au nombre d'une vingtaine, accoururent aussitôt avec des fusils et des piques, et trouvèrent l'ours qui dévorait le corps. Dès qu'il les vit s'avancer vers lui, il courut à eux avec une fureur incroyable, en saisit un, l'emporta, le déchira en pièces, ce qui effraya si fort les autres qu'ils prirent la fuite. Ceux qui étaient demeurés à bord, voyant ce qui se passait, descendirent à terre, et trente s'avancèrent contre l'ours qui continuait à dévorer sa proie, sans se mettre en peine de tant d'hommes qui s'approchaient de lui. On lui tira deux coups de fusils sans le toucher. Enfin, l'écrivain du vaisseau de Barentz lui logea une balle dans la tête, près de l'œil, ce qui ne lui fit pas lâcher prise ; mais tenant toujours par le cou l'homme qu'il dévorait, il l'enleva. Néanmoins on vit qu'il commençait à chanceler. Alors, l'écrivain et un Ecossais allèrent à lui et tirèrent leurs coutelas ; ils lui en donnèrent plusieurs coups si violemment, que leurs armes se brisèrent ; mais l'ours n'en était pas moins acharné sur sa proie. Enfin, Guillaume Geyssen, capitaine de la pinasse frappa de toute sa force, avec la crosse de son fusil, sur la tête de l'animal, qui tomba à terre en poussant un grand cri. Alors l'écrivain sauta sur son corps et lui coupa la gorge. On enterra dans l'île les corps des deux matelots, puis on dépouilla l'ours de sa peau que l'on emporta à bord.

Le 9 septembre, on remit à la voile, mais l'immense quantité de glaces qui venaient donner contre les vaisseaux empêcha d'avancer. Enfin, le temps devint si mauvais, si nébuleux et si humide avec orage de neige, que l'on reconnut l'impossibilité d'aller plus loin. Le 15, on repassa le détroit avec le courant, et, le 16, on fit voile pour le retour. Le 29, on entra dans le port de Wardhuus, on en partit le 10 octobre, et on arriva en Hollande le 18 novembre.

§. III.

GUILLAUME BARENTZ.

TROISIÈME VOYAGE. 1596.

Parélie. — Oies sauvages. — Nouvelle-Zemble. — Le bâtiment se trouve engagé dans les glaces. — Débarquement. — Souffrances des Hollandais pendant l'hiver. — Départ au printemps sur une chaloupe découverte. — Mort de Barents.

Après ce malheureux voyage, pour lequel on avait fait tant de dépenses et de préparatifs inutiles, les Etats-Généraux ne parurent pas disposés à entreprendre une nouvelle expédition pour découvrir un passage au nord-ouest; mais ils publièrent une proclamation promettant une récompense à quiconque ferait un voyage en Chine par cette route. D'après cet encouragement, les négocians d'Amsterdam équipèrent deux vaisseaux; l'un fut commandé par Heemskerke, et Guillaume Barentz en était pilote en chef. Le capitaine de l'autre bâtiment fut Cornelis Ryp.

On partit d'Amsterdam le 5 mai. Le 1.er juin on n'eut pas de nuit; et, le 4, sous le 71° de latitude, un étrange phénomène parut dans le ciel : c'étaient deux parélies ou faux soleils. En voici la description : « De chaque côté du soleil on voyait un autre soleil et deux arcs-en-ciel qui passaient justement au milieu des trois soleils, et ensuite deux autres arcs-en-ciel, l'un entourant le soleil, et l'autre le coupant par le milieu; la partie inférieure du plus grand était élevée de 28 degrés au-dessus de l'horizon. » Dans le voyage original écrit en hollandais par Deveer, il se trouve une gravure représentant les trois soleils et les arcs-en-ciel (1).

Le 5, on aperçut les premières glaces; comme elles flottaient en morceaux détachés, quelques hommes de l'équipage les prirent de loin pour des cygnes. Le 7, on

---

(1) Waerachtighe Beschriv, Van de Drie Seyla-gien, etc.

était sous le 74° de latitude, naviguant entre les glaces comme entre deux terres. Le 9, on découvrit l'île de l'*Ours* (Baeren Eyland), nommée ensuite île *Cherry* : on y tua un ours que l'on combattit pendant deux heures, et dont la peau avait douze pieds de longueur. Le 19, on se trouva, par l'observation, à 80° 11′ de latitude; on voyait beaucoup de terres à l'est. On descendit sur cette côte le 21, et l'on tua encore un autre ours qui fit une vigoureuse résistance, et dont la peau avait treize pieds. On trouva sur une petite île une grande quantité d'œufs de bernaches (rot gansen). Ces oiseaux couvaient ; quand on les faisait fuir, ils s'envolaient en criant *rot, rot, rot*. « C'étaient, dit Deveer, de vraies oies appelées *rot gansen*, comme celles qui viennent tous les ans en Hollande aux environs de Weiringen, où l'on en prend un grand nombre ; mais, jusqu'à présent, on ne savait pas où elles pondent et couvent leurs œufs. Aussi, bien des gens se sont avisés d'écrire qu'elles naissent en Ecosse sur des arbres, dont les branches s'étendent audessus de l'eau, où les œufs venant à tomber, les petits de ces oies sauvages y naissent et nagent aussitôt, et ceux qui tombent à terre se corrompent et ne servent à rien. » C'est ainsi que la fable des bernaches, qui se produisent dans le fruit de certains arbres ou dans du bois pourri, est réfutée pour la première fois par Deveer. « Il n'est pas étonnant, ajoute-t-il, que personne n'ait pu dire où ces oiseaux couvaient leurs œufs, puisque personne, à notre connaissance, n'avait encore avancé jusqu'au 80.ᵉ degré. »

Il est en effet très-vraisemblable que le Spitzberg fut alors découvert pour la première fois. Deveer dit encore, avec raison, « qu'on trouve de l'herbe et de la verdure dans ce pays, et qu'il nourrit des animaux qui, tels que les rennes, vivent de pâturages, tandis que la Nouvelle-Zemble, qui est sous le 76.ᵉ degré, ne produit ni verdure ni bêtes qui vivent d'herbages, mais qui dévorent la chair comme les ours et les renards, quoiqu'elle soit de 4 degrés plus éloignée du pôle que n'est le Groënland. »

Il ne dit pas positivement qu'il leur fut impossible d'avancer davantage vers le nord, quoiqu'ils fussent entourés de glaces. Il semble, d'après la latitude indiquée, qu'ils étaient alors à la hauteur de l'île d'Amsterdam, où se trouve le fameux promontoire si bien connu depuis ce temps des pêcheurs de baleines, sous le nom de *cap d'Hakluyt*. On reconnut que la variation de la boussole était de 16° ouest. On se dirigea au sud pour éviter les glaces, et, le 1.er juillet, on se trouva de nouveau devant l'île à l'ours. Les deux bâtimens convinrent de se séparer : Ryp pensant qu'il trouverait un passage à l'est de la terre située sous le 80.e degré, fit route au nord, tandis que Heemskerke, ou plutôt son pilote Barentz, croyant plus probable qu'il en trouverait un sous une latitude plus méridionale à l'est, se dirigea vers le détroit de Waigatz.

Heemskerk, après avoir été long-temps contrarié par le mauvais temps, les glaces flottantes et les vents, arriva, le 17 juillet, sur les côtes de la Nouvelle-Zemble aux environs de Lomsbay. Il fit alors route au nord, en côtoyant la terre, autant que la glace le permettait. Le 20, Barentz trouva, par observation, qu'ils étaient par 76° 15′ de latitude. Ce ne fut que le 6 août que l'on réussit à doubler la Pointe Nassau; et, comme le vent soufflait de l'est, ils furent bien contens de pouvoir amarrer leur bâtiment à une masse de glaces qui avait trente-six brasses sous l'eau et seize au-dessus. Le 9, la neige tomba, et le ciel fut très-nébuleux. Le 10, la glace commença à flotter en grande abondance, ce qui fit connaître que le gros glaçon auquel on tenait, touchait au fond de l'eau. Ils eurent grand'peur d'être pris par les glaces, et travaillèrent à sortir du danger où ils se trouvaient; mais le navire fut porté contre la glace avec une violence extrême. On parvint encore à une grosse pièce de glace, où l'on jeta l'ancre, et on s'y arrêta jusqu'au soir. En ce moment, le gros glaçon commença à se rompre en plus de quatre cents morceaux avec un bruit horrible. Le 19, il fallut virer de bord; le bâtiment était comme enchâssé dans les glaces; tandis qu'elles l'entraînaient, le gouvernail fut brisé en pièces, la chaloupe fut écrasée entre les glaces, et l'on s'attendait à chaque instant que le navire aurait le même sort.

Il était évident qu'il n'y avait plus le moindre espoir d'avancer davantage à l'est, ni même de gagner Waigatz par la côte orientale de la Nouvelle-Zemble. On essaya donc de retourner par où l'on était venu. Le 26, à force de travail, on avait réussi à gagner le côté occidental du Port de la Glace (Ys-Haven), mais ce fut presque un succès malheureux; « car, dit Deveere, nous fûmes obligés de passer tout l'hiver dans ce misérable endroit, accablés de froid, de misère, de chagrin, et souffrant tous les besoins. »

Les vents du nord-est qui régnaient emplirent la baie d'une telle quantité de glaçons, que, quand même le vaisseau n'eût pas déjà considérablement souffert, il aurait été impossible de l'en faire sortir pendant cette saison; mais, soulevé hors de l'eau par des masses de glace, brisé par les chocs qu'il avait reçus, ayant son gouvernail rompu, il paraissait presque hors d'état de pouvoir jamais être remis en mer. L'équipage se détermina donc, le 11 septembre, à l'abandonner, et se prépara à passer l'hiver dans ce lieu glacial et désolé. Heureusement nos malheureux navigateurs trouvèrent, à peu de distance, une quantité de bois jeté sur la côte par la mer, ce qui leur fournit les moyens de se construire une maison et d'avoir du feu.

Le nombre des hommes réduit à cet excès de malheur était de dix-sept : celui d'entre eux dont ils pouvaient le moins se passer, le charpentier, mourut la première semaine; d'autres tombèrent malades. Ils parvinrent cependant à se construire une maison. « Le 27, dit Deveer, il fit si froid, que lorsque nous mettions un clou à la bouche, comme le font souvent les charpentiers, il restait attaché aux lèvres quand on le voulait retirer, et le sang nous sortait des lèvres. » Le journal de ces infortunés pendant le long hiver qu'ils passèrent en proie aux inquiétudes, tourmentés par le froid, et au milieu des ténèbres, ne peut se lire sans un intérêt pénible : aucun murmure ne leur échappa pourtant dans leur triste situation. Il règne dans toute la relation, écrite avec la plus grande simplicité, un esprit de piété si véritable, un ton de résignation si douce et si touchante, que l'on éprouve la plus vive compassion pour le sort d'infortunés privés de tout secours humain, et presque de tout espoir de jamais sortir de cette sombre et misérable demeure.

Le 3 novembre, ils aperçurent, pour la dernière fois, les rayons du soleil qui déjà ne jetait plus qu'une clarté bien faible. Depuis ce moment, le froid augmenta progressivement, et devint si terrible, qu'il était presque impossible de le supporter. La bière et le vin gelèrent et perdirent toute leur force, à l'exception d'une petite quantité, qui resta liquide, et qui n'était pas buvable. Ce ne fut qu'en tenant de grands feux constamment allumés, en plaçant sous leurs pieds des pierres chaudes, en mettant de doubles vêtemens, et en se couvrant la tête de bonnets de peaux de renards, qu'ils se procurèrent la chaleur nécessaire pour ne pas geler tout vifs. Mais ils avaient une tâche pénible, celle d'aller chercher quelquefois à une distance considérable le bois jeté sur les côtes par la mer, de le rapporter sur un traîneau à travers la neige et les glaces, dans les ténèbres, et par un froid si perçant, qu'ils revenaient la peau des mains et du visage toute gercée. Ils brûlèrent une fois du charbon qu'ils avaient retiré du vaisseau; et, comme ils avaient bouché toutes les ouvertures de la maison pour mieux retenir la chaleur qui les restaurait et leur semblait bien agréable, ils faillirent à être tous suffoqués. Il fallut ouvrir les portes; « et alors, dit Deveer, nous fûmes tous recréés du froid; et ce qui auparavant nous semblait si contraire nous rendit la santé, car sans doute nous fussions morts de vertiges et de défaillance de cœur. »

Leurs montres ne tardèrent pas à se geler; ils furent obligés de veiller tour à tour sur l'horloge de sable, afin de pouvoir connaître le cours du temps. Quand ils sortaient, ils étaient souvent attaqués par des ours qui les poursuivaient jusque dans leurs maisons; ils en tuèrent quelques-uns, dont la graisse servit à alimenter leur lampe. Un seul leur en fournit près de cent livres. Ils en mangèrent le foie, qu'ils trouvèrent bon, mais ils en furent malades, et trois d'entre eux surtout, à qui la peau tomba entièrement.

Dès que le soleil eut cessé de paraître sur l'horizon, les ours disparurent en même temps, et furent aussitôt remplacés par des renards blancs qui arrivèrent en grande quantité. Les Hollandais se nourrirent de leur chair qui avait le goût de celle du lapin, et se servirent de leurs peaux pour se vêtir. Ils en prirent beaucoup en plaçant des piéges sur le toit de leur maison; aussitôt que le soleil reparut, les renards s'en allèrent, et les ours revinrent.

Le 19 décembre arrivé, ces infortunés commencèrent à éprouver quelque consolation, en songeant que le temps de l'absence totale du soleil était à demi-passé. Quelque misérable que fût leur situation, quelque dépourvue d'espérance qu'elle parût être, ils avaient encore le courage de rire et de plaisanter. « Le jour de Noël, dit Deveer, le temps était fort mauvais, et le vent au nord-ouest, et cependant nous entendions les renards courir sur le toit de notre maison, sur quoi quelques-uns de nos gens dirent que c'était un mauvais augure. On demanda pourquoi? Les autres répondirent : Parce que nous ne pouvons sortir pour aller les prendre et les faire rôtir, ce qui aurait été un fort bon signe. » Après avoir travaillé toute la journée du 5 janvier 1597 à creuser et à écarter la neige qui, depuis plusieurs jours, les retenait prisonniers dans leur cabane, « nous nous souvînmes, continue Deveer, que c'était la veille des Rois, et nous priâmes notre capitaine de nous accorder de quoi nous réjouir pour cette soirée, et de nous donner une partie du vin mesuré qui nous était distribué tous les deux jours, ajoutant que nous apporterions aussi volontiers ce que nous aurions. Nous apportâmes deux livres de farine avec de l'huile, et nous en fîmes des beignets; chacun eut en outre un biscuit blanc qu'il trempa dans son vin. Nous pensâmes un instant que nous étions dans notre pays, au milieu de nos amis, et ce repas si simple nous fit autant de plaisir qu'un grand festin que chacun nous aurait fait chez lui. Nous tirâmes même les Rois, et notre canonnier fut roi de la Nouvelle-Zemble qui a au moins deux cents milles de longueur entre deux mers (1). »

On peut aisément se figurer l'excès de joie de ces infortunés quand, le 16 janvier après midi, ils remarquèrent dans le ciel une certaine rougeur qui était comme l'avant-coureuse et messagère du soleil qui revenait, quoique Barentz les assurât, le 22, que le soleil paraîtrait à peine sur l'horizon dans deux semaines. Cependant, « dit Deveer, le 24 janvier, le temps étant beau et le vent à l'ouest, j'allai sur le bord de la mer avec Heemskerke et un autre de nous, du côté du sud, et, contre notre attente, je vis le premier une partie du disque du soleil. Nous courûmes aussitôt à la maison annoncer cette bonne nouvelle à Barentz et à nos

(1) Trois navigations admirables faites par les Hollandais et Zélandais au septentrion.—Paris, 1599, vol. I, pag. 120.

autres compagnons. Mais Barentz étant un pilote instruit et plein d'expérience ne voulut pas nous croire, estimant qu'il fallait encore quatorze jours avant que le soleil pût briller sur cette partie du globe; mais nous affirmâmes au contraire que nous avions vu le soleil. Les deux jours suivans, le ciel fut chargé de nuages, et il fit un brouillard épais. La joie que nous avions eue fut troublée par la mort d'un de nos compagnons malades, arrivée le 26. Enfin, le 27, le temps fût serein, et nous vîmes le disque du soleil paraître tout entier au-dessus de l'horizon; ce qui nous réjouit tous, et nous fit rendre de ferventes actions de grâces à Dieu dont la bonté permettait que nous vissions encore cette brillante lumière. »

L'exactitude de Deveer, relativement à l'époque du retour du soleil sur l'horizon, a été révoquée en doute par la plupart des physiciens et des astronomes qui ont donné quelque attention à son récit, mais il a trouvé aussi des défenseurs. On dira peut-être qu'après que les montres eurent gelé, et dans les ténèbres d'une si longue nuit, les Hollandais oublièrent de marquer plusieurs fois les heures, quelque intéressés qu'ils fussent à bien connaître le cours du temps. Mais on a fait jusqu'à présent si peu d'observations dans les latitudes élevées sur la réfraction atmosphérique, qu'une circonstance établie avec tant de candeur et de simplicité dans un journal tenu régulièrement, ne doit pas être rejetée comme mensongère, parce que, ne s'accordant pas avec les règles ordinaires de la réfraction, le retour du soleil aurait été prématuré de sept à huit jours.

Les ours revenus avec la lumière du soleil étaient, après leur longue absence, plus dangereux en quelque sorte qu'auparavant. Le froid augmentait à mesure que les jours croissaient, la gelée était plus forte, la neige tombait en plus grande quantité. Enfin, le mois de juin arriva avant que les Hollandais eussent pu songer à réparer leurs embarcations et à les mettre en état de faire une longue traversée pour s'éloigner de ce séjour affreux. Il n'y avait pas moyen de radouber le vaisseau qui était entièrement fracassé, et d'ailleurs encore pris dans les glaces. Le 13 juin, tout fut prêt pour le départ. Barentz avait déjà écrit le récit des aventures de cette expédition ; il renferma cette relation dans un fourreau de fusil, qu'il suspendit dans la maison que l'on quittait, et en mit une copie dans chacun des canots qui allaient partir.

S'abandonnant alors à la volonté et à la bonté de la Providence, les Hollandais partirent dans deux barques découvertes, en suivant la route par laquelle ils étaient venus, le long de la côte occidentale de la Nouvelle-Zemble. Mais il leur arriva bientôt une nouvelle infortune qui les plongea tous dans la consternation et le désespoir. Le pauvre Barentz, en qui toute leur confiance était placée, mourut le 20 juin, ainsi qu'un nommé Claes Adrianson ; ils étaient déjà malades le jour de leur embarquement, et l'on avait été obligé de les porter à bord sur des traîneaux. Lorsqu'on dit à Barentz qu'Adrianson était fort mal et qu'on désespérait de lui, il répondit : « Je crois que je ne lui survivrai pas long-temps. » Il dit alors à Deveer : « Gérard, donnez-moi à boire. » Mais à peine eut-il bu, qu'il se trouva si mal que, tournant les yeux, il expira. Adrianson le suivit bientôt.

On connaît bien des exemples de voyages effectués sur une mer orageuse, dans des barques découvertes, mal fournies d'eau et de provisions ; mais il n'en existe peut-être pas un qu'on puisse comparer à celui dont nous parlons, où quinze hommes, dans deux barques découvertes, avaient à traverser onze cents milles sur un Océan embarrassé de glaçons, exposés au danger, tantôt d'être submergés par les vagues, tantôt d'être écrasés par le choc d'énormes masses de glace, attaqués sans cesse par des ours féroces, endurant pendant plus de quarante jours toutes les extrémités du froid, de la fatigue et de la famine ; et, cependant, excepté les deux qui moururent, et qui étaient déjà très-malades quand ils s'embarquèrent, tous arrivèrent en bonne santé à Cola, où ils eurent le plaisir de retrouver leur ami, leur ancien compagnon, Cornelis Ryp, qui les avait quittés l'année précédente pour faire route au nord. Il les prit à bord de son vaisseau, et, le 29 octobre, ils arrivèrent dans leur patrie, à la grande joie de leurs amis qui ne se flattaient plus de les revoir.

On ne voit nulle part jusqu'à quelle latitude septentrionale Cornelis Ryp s'était avancé l'année précédente, quelles découvertes il avait faites, ni quels événemens il avait éprouvés. Mais comme il avait quitté ses compagnons dans le dessein de naviguer le long de la côte orientale de la terre qu'ils avaient déjà suivie jusqu'à 81° de latitude, il est probable qu'il fit le tour du Spitzberg, auquel cas il dut atteindre le 81.e degré.

Les trois voyages de Barentz sont écrits par Gerard Deveer, qui fut des trois expéditions. Linschoten a aussi donné une relation des deux premiers. Il entre dans plus de détails nautiques; il donne des vues et des cartes des baies, des havres, des promontoires, etc.; mais le plus vif intérêt s'attache au dernier voyage.

CHAPITRE XV.

WILLIAM ADAMS. 1596.

Histoire de ce pilote. — Il sert en Hollande. — Aborde au Japon. — Est obligé d'y rester.

Purchas affirme hardiment que l'honneur de la première découverte de la Nouvelle-Zemble et du Spitzberg est due à nos concitoyens sir Hugh Willoughby et Etienne Burough. Quoiqu'il avoue sa partialité pour les Hollandais, qui, dans la gloire de la navigation, sont si voisins de nous et si dignes d'estime, il ajoute « qu'il est pourtant vrai que les Anglais les ont précédés et leur ont servi de maîtres et de guides, tant dans leurs exploits guerriers chez eux que dans leurs hauts faits sous l'empire de Neptune. » Cette vérité est incontestable, jusqu'à un certain point. Dans tous leurs premiers voyages, les

Hollandais prirent des Anglais pour pilotes. Nous avons vu, dans le second voyage de Barentz, qu'en attaquant un ours furieux, un Écossais fut un des plus courageux de la troupe. Les Hollandais eux-mêmes conviennent qu'un Anglais, nommé Brunell ou Brownell, excité par l'espoir du gain, alla d'Enckhuysen à Petchora, où un naufrage lui fit perdre tout ce qu'il possédait, après son retour des côtes de la Nouvelle-Zemble, dont une baie, située vers le 71° et demi de latitude, avait reçu de lui le nom de *Costin Sarca* (peut-être *Coasting Search*). Mais on ne voit nulle part, et le journal de Willoughby ne donne aucunement lieu de supposer que cet infortuné navigateur ait jamais approché du Spitzberg de plusieurs degrés.

La découverte de ce pays est donc bien certainement due aux Hollandais; mais on n'aurait guère soupçonné, d'après la relation des trois voyages de Barentz au nord, par Deveer, que l'homme extraordinaire, dont le nom est en tête du présent chapitre, était un Anglais employé à une ou plusieurs de ces expéditions. Il est pourtant très-probable que le fait est réel, et que dans l'année 1596 il accompagna Cornelis Ryp au Spitzberg. Il n'y a aucun doute qu'il n'ait vécu quelque temps en Hollande, et qu'il n'ait eu l'habitude de servir de pilote à des bâtimens de ce pays, quoique, dans le compte qu'il rend brièvement de lui-même dans deux lettres adressées du Japon à sa femme, il garde le silence sur cet objet. Nul autre que lui ne put cependant faire la narration suivante aux jésuites portugais, qui étaient alors à la cour du Japon; car son ami Timothée Selton, de Londres, qui, nous dit-il, était pilote de l'amiral, périt sur ce vaisseau, et son frère, Thomas Adams, perdit la vie dans ce combat.

Williams Adams servit en qualité de premier pilote sur une flotte hollandaise composée de cinq vaisseaux, qui allait aux Indes orientales par le détroit de Magellan. Cette circonstance prouve seule que sa réputation était bien établie en Hollande. On sait aussi que le seul de ces bâtimens qui ne fit naufrage, fut celui dont il était pilote, et qui ne se sauva que pour être jeté sur les côtes du Japon. Adams y obtint les bonnes grâces de l'empereur, par ses connaissances dans l'architecture navale et les leçons de mathématiques qu'il donna aux sujets de ce prince. La faveur dont il jouit dans cet empire valut aux Anglais et aux Hollandais la faculté d'y commercer, mais il ne put jamais obtenir la permission d'en sortir (1).

Les annales de la navigation portugaise rapportent par hasard qu'un Anglais avait fait un voyage au nord, jusqu'à un degré de latitude auquel on n'était jamais parvenu jusqu'à cette époque; et, quoiqu'elles ne le nomment pas, la date et d'autres circonstances prouvent que cet Anglais ne pouvait être que Williams Adams.

Diégo de Couto, en faisant le détail des désastres essuyés par l'expédition hollandaise envoyée pour doubler le cap Horn,

(1) Purchas, Tom. I. — Collection de voyages d'Harris, Tom. I.—Collection d'Astley, etc.

en 1598, sous le vice-amiral Simon de Cordes, dit qu'un des vaisseaux fut jeté par la tempête sur les côtes du Japon, après avoir avoir perdu, par suite d'une maladie contagieuse, son capitaine, qu'il appelle Corda, et cent cinquante hommes de l'équipage ; il n'en était resté en vie que vingt-cinq qui avaient l'air de squelettes plutôt que d'êtres humains, et qui étaient entièrement hors d'état de manœuvrer le vaisseau.

« Le pilote de ce bâtiment, dit Couto, était un Anglais, bon cosmographe, ayant quelques connaissances en astronomie. Il dit aux jésuites de Méaco que le prince d'Orange l'avait employé plusieurs fois en des occasions importantes ; que particulièrement en 1593, 1594 et 1595, il l'avait envoyé pour découvrir une route au-delà de Biarmia et de Finmarchia par où ses vaisseaux pussent aller au Japon, à la Chine et aux Moluques, et se procurer les richesses de ce pays, parce qu'ils y arriveraient en moins de temps, et qu'ils seraient plus à l'abri des corsaires portugais ; que la dernière tentative eut lieu en 1595 (probablement 1596), où il arriva jusqu'au 82.ᵉ degré; que, quoique ce fût au milieu de l'été, et que le jour fût presque continuel, la nuit ne durant qu'environ deux heures (1), il y avait dans ces parages tant de neiges et de frimas, que le froid y était excessif, et que l'on fut obligé de les quitter; que s'il avait suivi les côtes de la Tartarie et fait route à l'est, vers le détroit d'Anian, entre l'Asie et l'Amérique, il aurait réussi dans son entreprise.

« Ce pilote dit encore que les Hollandais ne renonceraient pas à ce projet avant d'y avoir réussi, tant ils attachaient d'importance à découvrir cette route.

(1) Il faut que Couto n'ait pas compris les jésuites, ou que les jésuites n'aient pas compris Adams dans cette partie de son histoire; car celui-ci savait très-bien que, pendant plus de quatre mois, il ne pouvait y avoir de nuit sous une latitude si haute. Faute de faire assez d'attention à la réfraction extraordinaire dans les latitudes élevées, beaucoup d'anciens navigateurs ont placé le Spitzberg d'un degré plus près du pôle qu'il ne l'est réellement.

« Les Anglais l'ont déjà cherché du côté de l'ouest, entre l'île Grotland (Groënland) et la terre de Labrador; mais les mêmes difficultés les ont obligés de revenir sur leurs pas, comme on le voit par l'exemple du grand navigateur Gabot (Cabot), il y a plus de quarante ans.

« Et sur un globe qu'avait ce pilote anglais, et dont on fit une copie en Chine, on voit distinctement les deux routes par lesquelles ils essayèrent de passer. On y voit aussi, à la latitude convenable, les îles du Japon, avec tous leurs royaumes, et même la terre de Chincungu, où l'on dit que se trouvent les riches mines d'argent.

« Ce pilote ajouta que, lorsque le prince d'Orange vit qu'il ne pouvait effectuer le passage par ces contrées septentrionales, il fit équiper les quinze vaisseaux avec lesquels il était parti (1). »

(1) Nous avons vu que la route de Davis fut tracée sur les globes de Mollineux bien des années avant qu'Adams eût quitté l'Angleterre.

On doit observer ici que Couto demeura dans les Indes plus de quarante ans, et qu'il y écrivit ses Décades (1); ce n'était donc que par oui-dire qu'il pouvait connaître les tentatives faites pour découvrir dans le nord un passage pour arriver dans l'Inde.

(1) Diégo de Couto, décade 12, chap. 2.

TROISIÈME PARTIE.

Voyages de découvertes dans les régions septentrionales pendant le dix-septième siècle.

CHAPITRE Ier.

GEORGE WEYMOUTH. 1602.

Départ de Radcliffe. — Arrivée au milieu des glaces. — Insurrection de l'équipage. — Fermeté du capitaine. — Peu de succès de ce voyage.

Plusieurs années s'étaient écoulées sans que les nations maritimes de l'Europe eussent fait aucun nouvel effort pour découvrir, par le nord, une route pour aller dans l'Inde et à la Chine. Cependant les Anglais ne pouvaient voir avec indifférence les Espagnols et les Portugais faire un commerce lucratif avec l'Orient ; l'exemple de ces peuples devait naturellement les piquer d'émulation. L'heureuse issue des expéditions de sir Francis Drake, en 1578, et de Candish, en 1586, avaient suffisamment démontré à la nation anglaise la grande importance du commerce de l'Orient. Les différentes tentatives faites pour prendre une part active dans ce commerce par une route plus courte que celle du cap de Bonne-Espérance ou du détroit de Magellan, ayant échoué, les négocians de Londres résolurent de tenter la fortune par le premier de ces passages, non pas tant néanmoins dans le dessein d'établir un commerce régulier avec les pays de l'Orient, que dans la vue de s'enrichir plus promptement, et à moins de frais, en pillant les Portugais. Le capitaine George Raymond ayant équipé la *Pénélope*, vaisseau qui lui appartenait, partit, en 1591, avec deux autres, le *Négociant-Royal* et l'*Edouard Bonaventure*, pour les Indes orientales. Ce voyage eut les suites les plus désastreuses. Le *Négociant-Royal* revint du cap, rempli de mourans et de malades; la *Pénélope* avait à peine doublé le cap, qu'elle fit naufrage, et l'*Edouard Bonaventure*, commandé par le capitaine Jacques Lancaster, après un voyage infructueux, périt dans les Antilles à son retour des Indes. Mais Lancaster envoya, ou du moins est censé avoir envoyé en Angleterre un avis important, qui donna un nouvel essor à l'esprit de découvertes. Dans le *post-scriptum* d'une de ses lettres, il dit : « Le passage pour aller aux Indes est au nord-ouest de l'Amérique, par 62° 30′ de latitude septentrionale. » Mais ce *post-scriptum*, dont on ne soupçonna pas alors l'authenticité, a été regardé depuis comme une interpolation (1).

Il servit pourtant à ranimer l'espoir des commerçans anglais; et, en 1602, les négocians des compagnies de Turquie et de Moscovie préparèrent à frais communs une expédition dont le but était la découverte d'un passage à la Chine par le nord-ouest.

---

(1) Voyages de découvertes par Burney.

Elle consistait en deux flibots, l'un de soixante-dix tonneaux, nommé la *Découverte;* l'autre de soixante tonneaux, appelé le *Godspeed* (Dieu le conduise); les équipages réunis étaient de trente-cinq hommes, ayant pour dix-huit mois de vivres. Le commandement de l'expédition fut confié au capitaine George Weymouth, qui, comme il nous le dit lui-même, pour mieux assurer le succès de l'entreprise, fut accompagné de Jean Cartwright, grand voyageur et savan ministre.

L'on partit de Radcliffe le 2 mai 1602. Le 18 juin, par 59° 51′ de latitude nord, on rencontra la première île de glace, qui s'étendait vers le nord à perte de vue; le même jour on vit la partie méridionale du Groënland. En naviguant à l'ouest, la mer était parfaitement calme; mais l'eau était noire et épaisse comme de la bourbe : on crut en conséquence qu'elle devait être très-peu profonde; cependant, en jetant la sonde, on ne put trouver fond à cent vingt brasses.

Le 20, on eut connaissance de terre par 62° 30′ de latitude; on la prit pour le continent de l'Amérique ; c'était seulement *War-wick's Foreland*, de l'île de la *Résolution*. En avançant à l'ouest, on passa près de plusieurs bancs de glace, et on trouva de nouveau l'eau noire, ce qui était probablement occasionné par la terre que les montagnes de glace entraînent souvent en se détachant du continent. On supposa une seconde fois que l'on apercevait l'Amérique par 63° 35′ de latitude; mais on ne put en approcher, à cause de la grande quantité de glaces qui entouraient la côte. En se dirigeant au nord-ouest, on passa près de quatre îles de glace d'une grandeur énorme; le brouillard devint si épais, que l'on ne pouvait voir à deux longueurs de vaisseau; les voiles et les cordages étaient gelés au point que l'on ne pouvait manœuvrer; le brouillard épais gelait en tombant; on était cependant au milieu du mois de juillet.

Le 19 de ce mois, les gens de l'équipage formèrent secrètement le projet de faire route pour l'Angleterre pendant que le capitaine serait endormi, et de le tenir renfermé dans sa cabane; mais il découvrit le complot à temps pour en empêcher l'exécution. La raison de la conduite des matelots qu'ils exposèrent par écrit, était que, s'ils passaient l'hiver entre les 60° et 70° de latitude, le mois de mai arriverait avant qu'ils pussent faire la moindre tentative; tandis que, le premier mai de l'année suivante, ils pourraient être de retour dans ces parages, après avoir relâché dans un port d'Angleterre, assurant qu'ils étaient prêts à braver tous les dangers pour faire des découvertes dans les 60° ou 57° de latitude. Ensuite ils se jetèrent tous sur le gouvernail, et se dirigèrent au sud; mais le capitaine déploya une grande fermeté; il fit punir très-sévèrement les chefs de l'émeute, et ne remit une partie du châtiment qu'à l'intercession de Jean Cartwright, le prédicateur, et à celle du maître. Comme on était près d'une île de glace, il envoya les barques pour en détacher des glaçons, afin d'avoir de l'eau fraîche; mais, au moment où l'on commençait à les rompre, la grande île de glace fit entendre, à deux ou trois reprises, un bruit semblable à celui du tonnerre, et l'instant d'après elle commença à s'écrouler : ce fut par un miracle que les deux barques ne furent pas englouties (1).

Weymouth parle d'une baie par 61° 40′ de latitude, qui est moins encombrée de glace, qui a quarante lieues de largeur, et dans l'intérieur de laquelle il dit qu'il naviqua pendant cent lieues dans la direction de l'ouest-quart-sud-ouest, ce que l'on sait maintenant être impossible. Toute la relation du voyage de Weymouth est au reste si confuse, qu'on n'en peut tirer presque aucun éclaircissement, si ce n'est qu'il se trouva au milieu des îles qui sont au nord du détroit d'Hudson, et probablement de celles du cap Chidley. Quoiqu'il appelle toutes les terres qu'il aperçut, la terre de l'Amérique, il est évident qu'il n'approcha que de la côte du Labrador, le long de laquelle il continua à naviguer depuis le 5 jusqu'au 14 juillet. Il y découvrit une baie par 56° de latitude; il la remonta pendant trente lieues, ayant beaucoup d'espoir d'y trouver un pas-

(1) Voyages de Purchas, Tom. III.

sage. Cette baie correspond avec la baie du Dormeur (*Sleeper's bay*) ou de Davis. Le 5 août il arriva à Dartmouth (1).

Le voyage de Weymouth échoua complétement; il n'alla pas au-delà de 63° 53′ de latitude. « Il ne fit, dit Fox, aucune découverte que Davis n'eût faite avant lui, ne donna aucun nouveau nom, ne vit pas même le Groënland, et n'avança pas aussi loin au nord. » Je ne trouve pas non plus qu'il ait donné aucune lumière importante pour faciliter l'exécution de cette entreprise; cependant Davis et lui ont, je pense, guidé Hudson dans la découverte des détroits et des mers qui portent son nom (2).

(1) Voyages de Purchas, Tom. III.
(2) Fox, Le Nord-ouest.

CHAPITRE II.

JACQUES HALL.

§. I.er

PREMIER VOYAGE. 1605.

Tentatives des Danois pour découvrir le passage.— Départ de trois bâtimens. — L'équipage de l'un d'eux se révolte et retourne en Danemarck. — Combats contre les naturels du Groënland. — Détails sur ce peuple.—Retour en Danemarck.

Jusqu'alors la nation danoise, qu'on pouvait regarder comme la plus intéressée à tenter de nouvelles découvertes dans les mers arctiques, le long des côtes du Groënland, avait vu, avec une indifférence apparente, les entreprises réitérées des Anglais dans ces mers; cependant elle sortit à la fin de sa léthargie, et sentit la nécessité, et surtout l'importance des découvertes dans le nord. Christian IV fit équiper deux vaisseaux et une pinasse destinés à aller reconnaître le Groënland. Le *Frost* (la Gelée), vaisseau amiral, était commandé par Jean Cunningham, Ecossais au service du roi; JACQUES HALL, Anglais, remplissait à bord les fonctions de premier pilote. L'autre vaisseau était le *Lion*, commandé par un Danois. La pinasse était sous le commandement de Jean Knight, aussi Anglais. Toute l'expédition était sous les ordres de l'amiral Godske Lindenau.

On partit de Copenhague le 2 mai 1605. Le 24, étant par les 59° ½ de latitude, les Danois s'attendaient à voir l'île de Buss; ne l'apercevant pas, ils en conclurent qu'elle n'était pas placée sur les cartes à sa véritable latitude. Le 30, ils virent la pointe méridionale du Groënland, qu'ils nommèrent *cap Christian*, en l'honneur de leur roi. Pour éviter les glaces qui entouraient la côte, ils firent route à l'ouest, et virent de grandes îles de glaces qui, par leur hauteur, ressemblaient à d'énormes montagnes, et faisaient un bruit affreux et terrible; sur une d'elles, ils remarquèrent une roche immense, du poids de trois cents livres ou environ.

Ne trouvant que des glaces et des brumes depuis le 1.er jusqu'au 10 juin, l'équipage du *Lion* héla le vaisseau amiral, et, en poussant des cris terribles, dit au pilote de virer de bord pour retourner dans leur patrie. L'alarme se répandit dans le vaisseau amiral, et l'équipage se fût probablement déterminé à revenir, si Cunningham n'eût protesté qu'il resterait auprès de Hall, tant qu'il aurait une goutte de sang dans les veines, pour le service du roi. Les séditieux rentrèrent un instant dans le devoir; mais la première île flottante qu'ils aperçurent renouvela les terreurs de l'équipage du *Lion* qui, après avoir tiré un coup de canon, gouverna au sud.

Le 12, l'amiral découvrit la côte du Groënland, et en nomma certaines parties mont Cunningham, cap de la reine Anne, cap de la reine Sophie. On entra dans une baie profonde, qui fut appelée *Christian's fiord* (golfe de Christian). Plusieurs hommes de l'équipage débarquèrent. On rencontra des tentes des naturels; elles étaient couvertes de peaux de phoques. On trouva dedans, entre autres ustensiles, plusieurs marmites suspendues sur une petite lampe; dans l'une il y avait une tête de chien qui cuisait, « d'où je conclus, dit Hall, qu'ils mangent la chair du chien. » Le mouillage était par 66° 25' de latitude.

Les naturels ne tardèrent pas à s'approcher du vaisseau dans leur canot pour échanger des côtes de baleine, des peaux de phoques, des dents de morse, et des cornes de licorne, contre des clous et de vieilles ferrailles. Mais à peine furent-ils retournés à terre, qu'ils se mirent à lancer, avec leurs frondes, des pierres contre l'équipage, avec tant de furie que personne ne pouvait rester sur le tillac. Cependant les Danois les eurent bientôt dispersés par le moyen de quelques décharges de mousqueterie; mais les indigènes s'assemblèrent de nouveau en plus grand nombre; les uns dans plus de soixante-dix canots, et trois cents au moins sur le rivage, leurs frondes à la main. Heureusement le vent passa à l'est, et la pinasse poussa au large. Côtoyant ensuite le rivage jusqu'à 69° de latitude, elle rencontra beaucoup de baies et de rivières, à plusieurs desquelles elle donna des noms. « Nous vîmes une grande quantité de bois flotter sur l'eau, ajoute Hall, mais je ne pus découvrir d'où il venait. « Il aurait voulu avancer davantage au nord; les matelots de la pinasse le conjurèrent instamment de ne pas aller plus loin, disant que leurs compagnons qui montaient le vaisseau amiral, se révolteraient et partiraient sans eux, ce qui en effet avait manqué d'arriver. Ils apprirent, à leur retour, que l'équipage du vaisseau avait eu un engagement avec les naturels, en avait blessé plusieurs et fait trois prisonniers.

Avant de partir de *Frost Sound*, les Danois débarquèrent et laissèrent sur le rivage deux malfaiteurs de leur nation qui avaient été embarqués dans ce dessein par ordre du gouvernement; « et, continue Hall, leur ayant donné plusieurs objets qui pouvaient leur être nécessaires, nous les confiâmes l'un et l'autre à la Providence, puis mîmes à la voile pour retourner en Danemarck. » Ils descendirent le détroit de Davis favorisés par un courant rapide, et, le 10 août, mouillèrent devant Elseneur.

Il paraît que le vaisseau monté par Lindenau resta en arrière près de la côte orientale du Groënland, ou plutôt, suivant une conjecture plus probable, près de la côte méridionale, dans les environs du cap *Farewell,* où il reçut la visite de beaucoup de sauvages, comme on les appelle, quoiqu'ils soient loin d'en mériter le nom. On leur offrit du vin; et, comme ils n'en trouvaient point le goût agréable, ils le refusèrent; mais ils buvaient avec beaucoup d'avidité des pots entiers d'huile de baleine. L'amiral, par un acte d'autorité inexcusable, saisit deux Groënlandois, et les emmena en Danemarck. On dit qu'ils différaient beaucoup de ceux qui étaient revenus avec Hall, à l'extérieur que pour le langage et pourtant les manières, ceux-ci leur étant très-supérieurs sous tous les rapports (1).

§. II.

SECOND ET TROISIÈME VOYAGES.
1606 et 1607.

Départ de cinq bâtimens d'Elseneur.— Arrivée au Groënland.—Véritable motif de cette expédition.— Elle échoue.— Détails sur les naturels.—Le troisième voyage ne réussit pas mieux.

Le gouvernement danois, décidé à continuer la découverte du Groënland, fit équiper, l'année suivante, quatre vaisseaux et une pinasse. JACQUES HALL fut nommé pilote en chef de la flotte. Le *Frost* et le *Lion* furent encore armés, ils étaient commandés par les mêmes officiers : le troisième était l'*Aigle*;

---

(1) Relation du Groënland, par M. de la Peyrère.

le quatrième, la *Giroflée;* enfin la pinasse, le *Chat.* Lindenau eut le commandement de cette seconde expédition, et les trois Groënlandois qui avaient été amenés en Danemarck furent rembarqués pour servir de guides et d'interprètes.

Le 29 mai 1606, la flotte partit d'Elseneur; avant d'arriver à la hauteur de la côte septentrionale de Labrador, vers le cap Chidley, à ce qu'il paraîtrait, quoiqu'aucun nom ne soit cité dans la relation, deux Groënlandois moururent. Elle avança ensuite dans la direction du nord-ouest vers la côte du Groënland, et, à environ 63° 45', elle se trouva entourée d'immenses bancs de glace, dont elle eut beaucoup de peine à se dégager. Arrivée au 64° de latitude, les Danois aperçurent la terre; ils supposèrent qu'elle faisait partie de la côte d'Amérique, mais c'était probablement la terre au nord du détroit de Frobisher, car les vaisseaux avaient été détournés de leur route par un violent courant de l'ouest.

Le 25, on découvrit le Groënland à environ dix lieues au sud du cap de la reine

Anne; le *Frost* s'était séparé la veille du *Lion* et de la *Giroflée*. On mouilla dans Cunningham's Ford; il paraît que l'année précédente on y avait trouvé une mine d'argent, dont on avait assuré au roi qu'on lui rapporterait des lingots considérables. En conséquence, tout le monde débarqua pour voir la mine, « et il fut résolu, dit Hall, que nous prendrions à bord autant d'argent qu'il serait possible d'en emporter. » Tel paraît avoir été en effet le véritable but des dépenses que fit le roi de Danemarck pour équiper cette flotte, qui était expédiée pour découvrir, non des colonies perdues (1), mais des mines d'or et d'argent. Tant de vaisseaux n'étaient pas nécessaires, s'il ne se fût agi que de découvertes relatives à la géographie. En effet, loin qu'on ait fait la moindre recherche sur ce point, il n'est pas une seule fois question, dans la relation, soit du passage au nord-ouest, soit des anciennes colonies du Groënland.

Les Danois remontèrent la baie dans leur

(1) *Voy.* partie 1.re, chap. I.er.

chaloupe, en passant devant plusieurs îles vertes et agréables. Au bout de quelques jours ils arrivèrent, par 66° 25′ de latitude, à l'embouchure d'une rivière qu'ils nommèrent le *Fos*, du nom du pilote de l'*Aigle*. On voyait, sur le bord de cette rivière, le village d'hiver des indigènes; il consistait en quarante cabanes environ. Des côtes de baleine en formaient les murs, les poutres et les solives. Elles étaient couvertes de terre, avoient sous terre des espèces de caveaux de douze pieds carrés et d'environ six pieds de profondeur. Les Danois remarquèrent, dans le lieu où ils enterraient leurs morts, que les cadavres étaient enveloppés dans des peaux de phoques, et ensuite couverts de pierres en guise de cercueil. Ils saisirent dans ce village cinq Groënlandais pour les emmener avec eux en Danemarck, et à leur place ils laissèrent un malheureux Danois condamné à la déportation pour quelque crime qui n'est pas spécifié. Ils apprirent de leurs nouveaux captifs que ce pays s'appelait *Secanunga*, et que le grand roi, qui demeurait dans l'intérieur du pays, se faisait porter sur les épaules de ses sujets.

On était alors au 10 août; le temps commençait à être très-orageux. Les Danois se trouvant extrêmement resserrés au milieu d'un grand nombre d'îles, et entourés de rochers et de glaces flottantes, ils résolurent de retourner au sud. Après une longue traversée, ils arrivèrent sur la rade de Copenhague le 4 octobre.

Cette expédition malheureuse fut suivie, l'année d'après, d'une autre qui n'eut pas plus de succès. Elle était composée de deux vaisseaux, dont le commandement fut confié à Karsten Richardsen, capitaine danois, natif du Holstein, qui engagea quelques matelots norvégiens et irlandais, pensant qu'ils devaient mieux connaître que les autres la manière de naviguer au milieu des glaces; mais il n'alla pas au-delà du cap Farewell, parce que, dit la chronique danoise, des montagnes de glace s'opposèrent à son passage. Hall en donne une raison plus probable. « J'ai aussi, dit Purchas, la relation du voyage que J. Hall fit l'année suivante au Groënland pour le Danemarck;

elle a pour auteur Josias-Hubert de Hull, et contient des particularités curieuses. Les Danois, craignant peut-être que la gloire de la découverte ne fût attribuée au pilote anglais, se mutinèrent après avoir eu connaissance de la terre, et forcèrent le vaisseau à retourner en Islande (1). »

La Peyrère donne, d'après la chronique danoise, un long détail du traitement qu'éprouvèrent les Groënlandais en Danemarck et de leur manière d'être dans ce pays; ils essayèrent, à plusieurs reprises, de s'échapper, et une mélancolie profonde finit par les conduire successivement au tombeau (2).

(1) Purchas, Vol. III.
(2) Relation du Groënland, par Peyrère, p. 180.

CHAPITRE III.

JEAN KNIGHT. 1606.

Dommages causés au navire par les glaces. — Le capitaine débarque avec trois hommes. — Ils ne reparaissent plus. — Attaque par les naturels. — Retour en Angleterre.

Pendant que le roi de Danemarck expédiait sa seconde flotte pour exploiter la mine d'argent, dans l'espoir de remplir ses coffres de ce précieux métal, les compagnies anglaises de Moscovie et des Indes orientales équipaient un petit bâtiment de quarante tonneaux, appelé l'*Hopewell*, pour découvrir un passage au nord-ouest. Jean Knight, qui avait été capitaine de la pinasse dans la première expédition des Danois, eut le commandement de ce navire.

Knight partit de Gravesend le 18 avril 1806. Après une traversée longue et ennuyeuse, il eut, le 18 juin, connaissance de la côte d'Amérique, 56° 48′ de latitude, près du cap Grimington, sur la côte du Labrador. Elle lui présentait l'aspect de huit îles montueuses. Tout-à-coup le vent du nord qui se leva, amena une si grande quantité de glaces que le petit bâtiment en fut entouré et perdit son gouvernail. Knight réussit néanmoins à le faire entrer dans le fond d'une anse, où il l'échoua, afin de sauver au moins ses provisions et ses agrès; mais, avant qu'il pût toucher terre, le bâtiment était déjà à moitié plein d'eau. Accompagné du contre-maître et de quatre matelots bien armés, il alla, dans sa chaloupe, à la découverte d'un endroit plus convenable pour se radouber. Etant descendu dans une île fort grande avec le contre-maître, son frère et un des matelots, pour en examiner la partie la plus élevée, il laissa les deux autres matelots pour garder l'embarcation. Ceux-ci attendirent en vain leur retour depuis dix heures du matin jusqu'à onze heures du soir.

Le lendemain, un détachement bien armé voulut aller à la recherche du malheureux capitaine et de ses compagnons, mais il ne put, à cause de la glace, aborder dans l'île.

On n'eut aucune nouvelle de ces infortunés ; on présuma qu'ils avaient été surpris et massacrés par les sauvages ; car ceux-ci se montrèrent ensuite sur la côte et attaquèrent le reste de l'équipage avec une opiniâtreté extrême, en lançant des flèches et le poursuivant de tous les côtés. Ils avaient de très-grands bateaux où ils étaient en grand nombre. L'historien du voyage les décrit en ces termes : « Autant que nous en pûmes juger, ils sont très-petits, ont le teint basané, n'ont que peu ou point de barbe, ont le nez plat, et sont anthropophages. »

L'équipage se mit alors à réparer le bâtiment ; il parvint avec beaucoup de peine à boucher en partie la voie d'eau et à replacer le gouvernail ; ayant remis en mer, après s'être dégagé des glaces, il fut obligé de pomper continuellement. Favorisés par un courant rapide, les Anglais firent route pour

Terre-Neuve, et, après des fatigues et des souffrances inouies, ils abordèrent à Fogo le 23 juillet. Ils y restèrent un mois pour s'y reposer et radouber le navire, remirent à la voile le 22 août, et arrivèrent le 24 septembre à Dartmouth (1).

(1) Purchas, Vol. III.

CHAPITRE IV.

HENRY HUDSON.

§. Ier.

PREMIER VOYAGE. 1607.

Tentative pour trouver un passage par le pôle. — Approche des côtes orientales du Groënland.—Glaces, bois flottans, phoques.—Retour faute de vivres.

Il paraît que l'issue déplorable du voyage de Knight ne découragea pas les négocians de Londres, ils n'en persévérèrent pas moins dans le dessein de faire des tentatives pour découvrir une route plus courte d'Europe en Chine et au Japon ; mais les parages du nord-est et du nord-ouest n'ayant pas, jusqu'alors, fait concevoir beaucoup d'espérance de réussite, ils résolurent d'essayer une nouvelle route et de diriger l'expédition au pôle arctique. Ils choisirent pour la commander Henry Hudson, marin intrépide et expérimenté, qui joignait la pratique à une connaissance profonde de la théorie de la navigation. Il n'est pas hors de propos de remarquer ici que, de tous les navigateurs qui ont parcouru les mers du nord, il est le premier qui ait fait des observations sur l'inclinaison de l'aiguille aimantée.

Ce hardi navigateur partit de Gravesend le 1.er mai 1607, avec dix matelots et un mousse, sur un petit bâtiment dont on ne nous a pas conservé le nom. Le 13 juin, il vit la terre à l'avant, le temps devint froid et brumeux, les voiles et les haubans se roidirent par la gelée. La terre était haute, la neige en couvrait les parties les plus élevées. N'ayant pas pu, pendant plusieurs jours, faire d'observations, Hudson doutait si c'était une île ou une partie du Groënland. Il calcula qu'il était alors à peu près par 70° de latitude; il donna à un promontoire, à peu près sous ce parallèle, le nom de *cap d'Young*, et, à une haute montagne qui s'élevait auprès comme une tour carrée, celui de *God's Mercy* (de la bonté de Dieu). Cette terre était évidemment la partie saillante de la côte méridionale du Groënland, au nord de l'Islande.

Le 22, il se trouvait, d'après les observations, par 72° 38′ de latitude nord; le temps s'étant éclairci, il vit la terre à environ douze lieues de distance. Elle était haute, on n'y apercevait point de neige; la partie septentrionale était hérissée de montagnes, mais il n'y avait pas de neige sur leur sommet. « On peut nous reprocher comme une faute, ajoute Hudson, de nous être autant dirigés à l'ouest. Le principal motif qui nous portait à suivre cette direction, était notre désir de voir cette partie du Groenland dans laquelle, autant que nous le sachions, aucun chrétien n'avait jamais pénétré; et nous pensions qu'il pouvoit y avoir une mer ouverte aussi bien que des terres; ainsi, nous n'en aurions eu que plus de facilité pour aller au pôle. » Hudson nomma cette terre, qui était par 73° de latitude, *Hold with Hope*.

Hudson remarque que ce promontoire n'était pas couvert de neige comme celui du cap d'Young, et que, lorsqu'il en approcha, la température était très-supportable. La pluie tombait à grosses gouttes, comme les pluies d'orage en Angleterre. Il approcha bien rarement de la côte, et continua sa route au nord-est, dans l'espoir de trouver la *Nouvelle-Terre*, nom donné par les Hollandais au Spitzberg. Le 27, il était à la hauteur de ce pays, qu'il vit couvert de brumes; la glace formait un rempart large et épais le long du rivage, pendant quinze à seize lieues. Il présuma qu'il se trouvait par 78°, et près de *Vogel Hoek;* quoiqu'il n'éprouvât pas un froid très-vif en suivant cette côte, il remarqua cependant, à l'ouest, un grand amas de glaces qui l'obligea à gouverner au sud entre la terre et la glace.

Le 1.er juillet, les glaces entourèrent le navire; Hudson reconnut alors, par l'observation, qu'il était par 78° 42′ ; d'où il conclut qu'il était à la hauteur de *la grande*

Baie (the great Indraught), dans laquelle il pénétra ensuite très-avant, sans trouver de fond à cent brasses (1). Le lendemain, la latitude était 78° 56′, et, le 3, 78° 33′. Le 4, le vent souffla du nord, et le froid fut si excessif, que les haubans et les voiles gelèrent. Le 5, Hudson revint à l'ouverture de la baie; il louvoya dans différentes directions pour sortir des glaces qui l'entouraient fréquemment. Le 11, l'observation donna pour latitude 79° 17′. Au milieu des glaces, il y avait beaucoup de bois flottant. Il vit un grand nombre de phoques et quelques ours blancs; l'équipage en tua un; plusieurs matelots furent malades pour avoir mangé de sa chair, avant qu'elle fût salée.

C'étoit l'intention d'Hudson de traverser les glaces dans cet endroit, pour doubler l'extrémité méridionale de la *Nouvelle-Terre*, ou Spitzberg (2); mais le vent était au sud; il entra dans une mer libre et de couleur

(1) C'était la baie profonde du Charles Foreland.

(2) Une des nombreuses erreurs de Forster, est

verte, où il vit une grande quantité de bois flotté. « Toutes les fois, dit-il, que la mer paraissait verte, elle était toujours libre; mais, lorsqu'elle semblait bleue, elle était généralement couverte de glaces. » Il fit route au nord; il eut connaissance de la terre au sud par 80° 23′. Il entra dans une baie profonde, à l'extrémité de laquelle le lieutenant et le contre-maître allèrent à terre, où ils trouvèrent deux dents de morse, des côtes de baleine, des bois de rennes, et où ils remarquèrent l'empreinte des pas de plusieurs autres animaux. Ils virent aussi beaucoup de bois qui avait été jeté par la mer sur la côte, et des sources d'eau chaude; la température à terre était chaude : pour appaiser leur soif, ils burent de l'eau qui leur sembla très-bonne.

d'attribuer à Hudson la gloire d'avoir découvert le Spitzberg (pag. 107); et, dans le même ouvrage, il remarque qu'Hudson vit en 1607 le Spitzberg, *qui avait été découvert onze ans auparavant par les Hollandais* (pag. 256). — *Découvertes et voyages dans le nord.*

Hudson jugea que la partie septentrionale de la terre qu'il avait alors en vue était à peu près par 81° de latitude nord; mais voulant aller plus avant au nord, il reconnut qu'elle s'étendait encore jusqu'à 82°, et même au-delà. Il y a probablement une erreur dans cet énoncé, à moins qu'il ne se soit assez écarté à l'ouest, pour se retrouver sur les côtes du Groënland qui se prolongent jusqu'à cette latitude; ce qui paraît d'autant plus vraisemblable, qu'il dit un peu après : « D'après la proximité du Groënland, il n'y a pas de passage en cet endroit; s'il y en eût eu un, j'avais dessein de retourner par le nord du Groënland, au détroit de Davis, et de là en Angleterre. » Au reste, il peut fort bien avoir pris d'énormes glaçons à la suite de la côte pour une continuation de la terre, ce qu'on ne savait pas alors distinguer aussi bien qu'aujourd'hui.

Le 31 juillet, les provisions étant presque épuisées, le temps épais et brumeux, et la saison trop avancée pour pousser plus loin les découvertes cette année, Hudson se disposa à retourner en Angleterre; il doubla l'île Bear ou Cherry, et entra dans la Tamise le 15 septembre (1).

§. II.

SECOND VOYAGE. 1608.

Autre tentative par le nord-ouest.—Syrène aperçue par l'équipage. — Sa description.—Nouvelle-Zemble.

N'ayant pu réussir, à cause des glaces, à passer au nord du Spitzberg, Hudson reçut l'année suivante l'ordre de chercher à découvrir un passage au nord-est. L'équipage, dans cette seconde expédition, fut porté à quatorze hommes. Il partit le 22 avril, et fut en vue du cap Nord le 3 juin. Il est bon de remarquer que, dans le cours de cette traversée, il fit trois observations avec une aiguille aimantée qu'il appelle *l'inclinateur*; la première, par 64° 52′ de latitude, donna

---

(1) Purchas, Vol. III.

81° d'inclinaison ; la seconde, par 67° 40′, donna 82°; la troisième, par 69° 40′, 84°. Il navigua au nord-est jusqu'à 74° 30′ de latitude, où l'inclinaison de l'aiguille se trouva être de 86°. Par 75° 29′, Hudson se trouva arrêté par les glaces; il essaya de passer à travers, mais elles étaient si épaisses et si serrées, qu'après avoir fait quatre à cinq lieues, il crut prudent de virer de bord, ce qu'il effectua sans que le vaisseau eût beaucoup souffert du choc des glaçons. Du 9 au 15 juin, il avança fort peu à cause des glaces et du brouillard.

« Le 15, dit-il, étant par 79° 7′ de latitude, un des hommes de l'équipage aperçut une syrène; il appela quelques-uns de ces compagnons pour qu'ils vinssent la voir, et remonta ensuite ; elle était alors très-près du bâtiment et regardait fixement les matelots. Peu de temps après, une vague lui passa sur le corps; elle disparut. A partir de la ceinture, son dos et sa poitrine étaient comme ceux d'une femme, suivant le témoignage de ceux qui la virent ; elle avait le corps aussi gros que nous; sa peau était très-blanche, et de longs cheveux noirs pendaient sur son dos. Lorsqu'elle disparut dans l'eau, ils virent sa queue qui ressemblait à la queue d'un marsouin et était fourchue comme celle d'un maquereau (1). »

Le 19 juin, par 75° 22′ de latitude, Hudson fit, avec *l'inclinateur*, une observation qui, pour peu qu'elle fût correcte, donnerait lieu de conclure que l'un des pôles magnétiques n'était alors pas à une grande distance de ce parallèle, et se trouvait quelque part entre l'île Cherry et la Nouvelle-Zemble; mais, à présent même, malgré toutes les améliorations modernes que les instrumens de physique ont éprouvées, on ne peut, à cause du mouvement du vaisseau, accorder que très-peu de confiance à des observations faites sur mer, lorsqu'elles dépendent de l'inclinaison de l'aiguille aimantée. Le 25, il perdit l'espoir de trouver un passage de ce côté, à cause de la proximité de la Nouvelle-Zemble, et de la grande quantité de glaces. Il débarqua dans la Nouvelle-Zemble, vers

(1) Purchas, Vol. III.

72° 12′ de latitude. Il y trouva des côtes de baleine et des bois de rennes. Les matelots apportèrent à bord deux douzaines d'oiseaux et quelques œufs. La mer était couverte de morses, de baleines et de phoques.

Ne voyant que peu d'espoir de trouver un passage entre le Spitzberg et la Nouvelle-Zemble, « mon projet, dit Hudson, fut de passer par le détroit de Waigatz, près de l'embouchure du fleuve Oby, et de doubler le cap Nord de Tartarie, ou découvrir la raison qui empêche de le faire. » D'ailleurs la grande quantité de morses lui faisait espérer qu'ils pourraient payer les frais du voyage. Pendant ce temps, il envoya une chaloupe remonter une grande rivière qui venait du nord-est, pour voir s'il ne serait pas possible de trouver de ce côté un passage dans une mer plus orientale; mais l'embarcation revint après avoir suivi le cours de la rivière, jusqu'à ce qu'elle n'eût plus qu'une brasse de profondeur.

« En général, dit Hudson, toute la partie de la Nouvelle-Zemble que nous avons vue jusqu'à présent est une terre agréable à l'œil. Les plaines sont vertes dans quelques endroits, et nous y avons vu paître des rennes (1). Les rochers sont en partie couverts de neige, partie nus et stériles. » Il ajoute : « Il n'est pas étonnant qu'il y ait tant de glace dans la mer près du pôle, si l'on considère combien il y a de baies et de rivières pour la produire dans les terres de la Nouvelle-Zemble et de la Nouvelle-Terre (le Spitzberg), sans parler des côtes de la Petchora, de Russie, du Groënland et de Laponie, comme j'en ai eu des preuves durant mon voyage dans ces régions, et je suppose que ces glaces empêchent qu'il n'y ait de passage navigable de ce côté. » Il fit donc route à l'ouest, désespérant de trouver un passage par le nord-est, et, le 26 août, il arriva à Gravesend (2).

(1) Hudson est le seul navigateur qui parle de rennes dans la Nouvelle-Zemble, ce qui me fait croire qu'il s'est trompé.
(2) Purchas, Vol. III.

§. III.

TROISIÈME VOYAGE. 1609.

But de ce voyage incertain. — Découverte de la rivière d'Hudson.

Les négocians qui avaient fait les frais des deux voyages précédens paraissent avoir abandonné alors tout espoir de trouver un passage, soit par le pôle arctique, soit par le nord-est; mais Hudson n'était sans doute pas tombé dans le même découragement, car on le voit employé par les Hollandais pour faire un nouveau voyage de découvertes. La relation de cette expédition, écrite par Robert Ivet de Limehouse, est très-longue et n'offre pas le moindre intérêt, du moins autant qu'elle a rapport aux découvertes dans le nord. Il est même assez difficile de deviner, après l'avoir lue, quel a pu être le but principal de l'entreprise. Hudson commence par doubler le cap Nord, comme s'il allait tenter la découverte d'un passage au nord-est; mais bientôt après, sans qu'on en donne la raison, il retourne à l'ouest, double les îles Feroer, et se dirige vers Terre-Neuve; de là il redescend la côte de l'Amérique jusqu'à Charles-Town, puis retourne au cap Cod, et enfin découvre le fleuve qui depuis a porté son nom, et y entre. Les Hollandais fondèrent ensuite une colonie sur ses bords.

§. IV.

QUATRIÈME VOYAGE. 1610.

Recherche d'un passage au nord-ouest. — Découverte de la baie d'Hudson. — Le vaisseau est entouré par les glaces. — Détresse à bord. — Conspiration contre Hudson. — Il est abandonné dans une chaloupe avec son fils et sept personnes. — Famine sur le bâtiment. — Le chef des séditieux et deux autres sont tués par des sauvages. — Retour en Angleterre. — Les conspirateurs ne sont pas punis.

L'attention de la nation anglaise se porta de nouveau vers le nord-ouest.

Sir John Wolstenholm, sir Dudley Digges, et quelques autres personnages considérables, étaient si intimement convaincus de l'existence d'un passage au nord-ouest, qu'ils équipèrent, en 1610, un vaisseau à leurs frais, et en donnèrent le commandement à Hudson, dont les précédens voyages avaient fait connaître l'intrépidité.

Quoique l'on n'ait qu'une relation très-imparfaite de cette expédition qui finit d'une manière si fatale à celui qui la commandait, du moins cette partie du voyage, dont le journal a, dit-on, été écrit par Hudson lui-même, suffit pour montrer qu'il passa par le détroit qui porte son nom, et qu'il entra dans la mer Méditerranée, très-improprement appelée baie, mais que l'on a bien justement nommée d'après lui. Le vaisseau armé pour cette expédition était la *Découverte*, du port de cinquante-cinq tonneaux; il paraît qu'il n'avait que pour six mois de vivres. Hudson quitta la Tamise le 17 avril 1610, et, le 9 juin, arriva à l'entrée du détroit de Frobisher; les glaces et les vents l'obligèrent à faire route à l'ouest pendant près d'un mois. Le 6 juillet, il passa devant des roches et des îles qu'il appela îles de *God's mercies* (*des bontés de Dieu*). Continuant à naviguer à l'ouest, Hudson vit, par 61° 24′, de nouvelles terres auxquelles il donna le nom de *Hold with Hope*.

Le 25, il eut connaissance d'une autre terre qu'il nomma *Magna Britania;* il était alors par 62° ½ de latitude.

Le 2 août, il découvrit un beau promontoire auquel il donna le nom de *Salisbury's Foreland;* et, faisant vingt-une lieues à l'ouest-sud-ouest, il se trouva à l'entrée d'un grand détroit, où il ne trouva point de fond à cent brasses. Ce détroit est formé par la pointe nord-ouest du Labrador, qu'Hudson nomma *cap Wolstenholm*, et par un groupe d'îles au nord-ouest, dont il appela cap Digges le promontoire le plus proche. La terre se prolongeait ensuite au sud; une vaste mer s'ouvrait devant lui. — C'est ici que finissent ses observations toutes très-courtes. La fin de ce déplorable voyage est rapportée par Habacuk Pricket, au récit duquel on ne doit peut-être pas ajouter beaucoup de confiance. Quant aux découvertes faites après la mort d'Hudson, elle est entièrement inutile. Il donne à peine une date, une distance, ou une latitude, et les détails dans lesquels il entre sur la révolte de l'équipage doivent inspirer au moins beaucoup de défiance et en faire suspecter la véracité, si l'on considère qu'il était lié avec les séditieux, et qu'ils lui permirent de rester avec eux dans le vaisseau.

Cependant, telle qu'elle est, cette relation nous fournit un exemple terrible de l'état déplorable auquel la révolte et la désobéissance à l'autorité légitime à bord d'un vaisseau en mer ne manquent jamais de réduire les malheureux qui se rendent coupables de ce crime.

Hudson, voyant son vaisseau entouré de glaçons, et désespérant presque de pouvoir jamais en sortir, déploya sa carte, et fit voir à l'équipage qu'il avait pénétré dans le détroit plus de cent lieues plus avant qu'aucun Anglais, leur laissant le choix d'aller plus loin ou de retourner. Les avis furent partagés ; quelques-uns auraient voulu déjà être en Angleterre ; peu importait à d'autres où l'on irait, pourvu que l'on sortît du milieu des glaces ; « mais, ajoute Pricket, il y en avait qui tenaient des propos dont nous nous rappelâmes long-temps après. »

Les premiers germes de sédition provinrent, à ce qu'il paraît, de ce qu'Hudson avait cassé son lieutenant et son contre-maître, pour s'être permis des propos pendant que l'on était au milieu des glaces, et de ce qu'il avait nommé à leur place. Naviguant au sud, il entra dans une baie le jour de Saint-Michel, dont il lui donna le nom. Le mécontentement augmenta encore, parce que le capitaine ordonna de quitter cette baie où l'équipage désirait rester. Après avoir erré trois mois dans un labyrinthe d'îles sans fin, Hudson trouva, le 1.er novembre, un endroit où il fit mouiller le vaisseau qui, le 10, fut entouré de glaces. Vers le milieu du mois, Jean Williams, canonnier, mourut; et, à cette occasion, Pricket s'écrie : « Que Dieu pardonne la conduite peu charitable du capitaine envers cet homme! » Il donne ensuite l'histoire de la conspiration.

Hudson avait pris chez lui, à Londres, un jeune homme, nommé Greene, d'une famille honnête, mais qui, par sa mauvaise conduite, avait perdu l'affection de ses parens. Il l'emmena avec lui dans son voyage, parce qu'il savait bien écrire. Il paraît néanmoins plus probable qu'il voulait, par humanité, l'arrêter sur le bord de sa ruine. Greene eut plusieurs fois des querelles avec le chirurgien et d'autres personnes de l'équipage. Pricket parle favorablement de son courage, tout en avouant qu'il n'avait nul principe de religion ni de morale. On pense aisément qu'aucune espèce de lien ne pouvait retenir un homme si dépravé; il ne tarda pas à conspirer contre son bienfaiteur. La diminution des vivres augmenta le mécontentement de l'équipage. Pendant les trois premiers mois, il y avait eu dans le pays tant de gelinottes et de coqs de bruyères, qu'on en tua plus de cent douzaines, indépendamment de beaucoup d'autres oiseaux; lorsque les premiers partirent au printemps, ils furent remplacés par des cygnes, des oies, des canards et des sarcelles; mais il était difficile de les atteindre. On fut réduit à manger de la mousse et des grenouilles. La glace s'étant rompue, sept hommes partirent dans la chaloupe, et revinrent le premier jour avec cinq cents poissons aussi gros que de bons harengs, et quelques truites; cependant cette ressource ne tarda pas à leur manquer.

Hudson commença alors à faire des préparatifs pour quitter la baie, dans laquelle ils avaient passé l'hiver; avant de partir, il distribua, les larmes aux yeux, le pain et le reste des provisions. On fit route au nord-ouest; mais, le 18 juin, on fut arrêté par d'énormes glaçons.

Le 21, comme on était encore au milieu des glaces, Wilson le contre-maître et Greene vinrent trouver Pricket qui était couché dans sa cabane. Ils lui dirent qu'ils avaient résolu, avec leurs compagnons, de jeter le capitaine avec tous les malades dans la chaloupe, et de les abandonner à leur sort; qu'il ne restait plus de vivres que pour quatorze jours; qu'ils n'avaient rien mangé depuis trois jours; qu'ils n'avaient plus de ménagement à garder; qu'il fallait que leur sort changeât d'une manière ou d'une autre, et qu'ils acheveraient, au péril de leur vie, ce qu'ils avaient commencé. Pricket, comme on le pense bien, assure qu'il fit tout son possible pour les détourner de leur horrible dessein ; mais il ajoute que Greene lui répondit que toutes ses remontrances étaient inutiles, qu'il savait ce qui pouvait lui arriver de pire, et qu'à tout prendre, il aimait mieux être pendu en Angleterre que de mourir de faim en pleine mer. Cinq à six autres entrèrent dans la cabane de Pricket, où chacun des conspirateurs prêta le serment suivant sur la Bible : « Je jure d'être fidèle à Dieu, à mon prince, à mon pays; de ne rien entreprendre que pour la gloire de Dieu et le bien de l'action projetée, et de ne faire de mal à personne. » On vit bientôt de quelle manière ils tinrent leur serment; car à peine Hudson fut-il sorti de sa cabane, qu'ils le saisirent et lui lièrent les mains derrière le dos ; et, lorsqu'il leur demanda ce qu'ils prétendaient faire, ils lui dirent qu'il le saurait lorsqu'il serait dans la chaloupe.

Cette embarcation fut aussitôt mise en mer, et on y jeta le capitaine, son fils et sept autres personnes qui étaient malades. On leur donna un fusil de chasse, un peu de poudre, quelques balles, des piques, un pot de fer, un peu de viande, et quelques autres objets. Les séditieux coupèrent alors l'amarre qui retenait la chaloupe, et la laissèrent au milieu des glaces, où ces infortunés restèrent dans une situation qu'on ne peut se représenter sans éprouver un sentiment d'horreur et d'indignation profonde contre l'inhumanité et la barbarie de ceux qui se souillèrent de ce crime atroce, et surtout contre l'affreuse ingatitude du misérable qu'Hudson avait nourri, habillé, et qu'il avait tiré du sein de la misère pour lui donner un état honorable.

Pricket raconte que, dès qu'ils eurent perdu la chaloupe de vue, Greene lui signifia que l'équipage avait décidé que lui (Pricket) occuperait la chambre du capitaine, et prendrait soin des papiers, etc. Après avoir inutilement montré de la répugnance, il y consentit. Les révoltés se disputèrent d'abord sur la route qu'ils suivraient, les uns voulant aller au nord-ouest, les autres au nord-est. Cependant le bâtiment fut bientôt pris par les glaces, et y resta enfermé quatorze jours; lorsqu'enfin ils purent en sortir, toutes leurs provisions étaient épuisées. Ils abordèrent heureusement à des îles où ils cueillirent des herbes sauvages qu'ils mangèrent. Ils commencèrent alors à réfléchir que ce serait très-imprudent de leur part de retourner en Angleterre. Henri Greene jura que le vaisseau n'entrerait dans aucun port, et ne quitterait pas la haute mer avant qu'il eût la signature et le sceau du roi à montrer pour sa sûreté; ce Greene devint enfin leur capitaine.

Le 27 juillet, ils abordèrent dans une île, près du cap Digges, à l'extrémité du détroit d'Hudson; ils y trouvèrent des oiseaux de mer, et quelques herbes. Ils y virent aussi des sauvages, dont ils furent d'abord reçus assez amicalement; mais bientôt ils se querellèrent avec eux. Greene fut tué, et trois de ses compagnons moururent des blessures qu'ils avaient reçues dans la mêlée. Pricket fut aussi dangereusement blessé. « Et ainsi, ajoute-t-il, vous savez à présent la fin tragique de Henri Greene. Lui et les trois matelots qui partagèrent son sort étaient les seuls de tout l'équipage qui fussent bien portans. »

« Ceux qui leur survécurent, dit Purchas, se trouvèrent alors dans la plus horrible détresse ; point de provisions, et chassés du seul endroit où ils avaient espéré se procurer des oiseaux de mer. Ils réussirent cependant à en tuer environ trois cents. Ils naviguèrent alors à l'ouest, puis se dirigèrent vers l'Irlande. Ils avaient un peu de viande de reste ; ils faisaient une espèce de soupe avec cette viande, et la moitié d'un oiseau de mer par jour pour chaque homme. « Nous avions écorché ces oiseaux, car il était impossible de les plumer. Robert Yvet fit, le premier, usage de la peau, après avoir brûlé les plumes, et ce fut un grand régal ; quant aux intestins, nous les jetions.... A la fin, il ne nous resta plus d'autre viande que ces oiseaux qui étaient desséchés ; mais il fallut bien nous contenter du bouillon de viande salée pour notre dîner, et de la moitié de ces oiseaux pour notre souper. » Ce ne fut rien, en comparaison de l'extrémité à laquelle ils se virent bientôt réduits ; ils furent obligés de manger des chandelles, et de faire frire dans le suif la peau et les os des oiseaux de mer réduits en poudre; on les arrosait avec un peu de vinaigre, ce qui faisait un très-bon plat. »

Au moment même où ils allaient descendre à terre, et où le dernier des oiseaux de mer était dans la marmite, Robert Ivet, le contre-maître qu'Hudson avait cassé, et qui, avec Greene, avait été le chef de la révolte, mourut d'inanition. Ils étaient alors dans la baie de Galloway, où ils trouvèrent un bâtiment pêcheur de Fowey, qui, pour une certaine somme, les conduisit à Plymouth(1).

Telle est la substance de la relation de Pricket, que l'on jugera bien imparfaite, et propre à inspirer des soupçons. Elle parut pourtant satisfaisante en Angleterre, car on ne voit pas que l'on ait cherché à approfondir les circonstances du crime le plus barbare et le plus atroce qui eût jamais été commis. Il est vrai que Pricket étoit débarrassé des principaux séditieux, et sans doute il protesta, avec le petit nombre de ceux qui revirent leur patrie, qu'ils avaient été

(1) Purchas, Vol. III.

forcés de prendre part au complot, ou du moins de rester neutres. Un fait remarquable est que la partie du journal d'Hudson qu'ils rapportèrent ne va que jusqu'au 3 août 1610, lorsqu'ils étaient entre les caps Wolstenholme et Digges, tandis qu'Hudson ne fut arrêté par les mutins que le 21 juin 1611. N'est-il pas étonnant qu'on ne leur ait pas demandé de produire le journal que le capitaine avait dû tenir pendant ce long espace de temps ? Pricket devait l'avoir trouvé, puisqu'il convient qu'il fut chargé de garder la chambre du capitaine, et que Greene lui donna la clef de la cassette d'Hudson; il était donc responsable de ce journal. Un habile navigateur, en faisant des réflexions sur les événemens de ce voyage, n'a pu s'empêcher de s'écrier : « En vérité, Pricket, je doute fort de ta fidélité envers ton capitaine ! (1) »

(1) Fox, Le Nord-ouest.

CHAPITRE V.

Sir THOMAS BUTTON. 1612.

Défaut de renseignemens sur ce voyage. Détails qui en furent publiés. — Sage politique du capitaine. — Découverte de la rivière de Nelson.

Il paraît que la catastrophe d'Hudson ne ternit guère, aux yeux des négocians qui avaient entrepris l'expédition, le caractère de Pricket et de Bylot, ce qui peut faire présumer que ces deux marins prouvèrent véritablement leur innocence, et l'impossibilité où ils avaient été d'empêcher ce crime odieux; on les voit, en effet, employés l'année suivante par les mêmes armateurs, dans un nouveau voyage de découvertes au nord-ouest. Deux vaisseaux furent équipés; ils portaient les mêmes noms que ceux de Cook dans son dernier voyage : la *Résolution* et la *Découverte*. Le premier était commandé par Thomas Button, depuis créé chevalier, attaché au service de Henri, prince de Galles; grand mathématicien, et d'une habileté consommée dans la navigation; il était le chef de l'expédition. L'autre bâtiment avait pour capitaine N. Ingram. Button avait avec lui, comme volontaires, Gibbons, un de ses parens, et le capitaine Hawkridge, tous deux connus pour leurs talens et leur expérience. Les deux vaisseaux prirent des vivres pour dix-huit mois, et mirent à la voile au commencement de mai 1612.

Par des raisons que l'on ne peut comprendre, la relation du voyage de Button n'a jamais été publiée ni par lui ni par aucune autorité compétente. Il paraît que l'on voulut garder une sorte de mystère sur cette expédition. Cependant, des détails obtenus de personnes qui en avaient fait partie, et des extraits tirés, dit-on, du journal même de Button, par sir Thomas Roe, ont été insérés par Fox, plusieurs années après, dans l'introduction de son voyage (1).

(1) Fox, Le Nord-ouest.

On savait que le détroit d'Hudson donnait entrée dans une grande mer à l'ouest. Pricket avait dit, dans son journal, que le vaisseau d'Hudson, ayant échoué sur un rocher près du cap Digges, avait été remis à flot par une *forte marée* venant de *l'ouest;* ce fut sur ces deux motifs que l'on entreprit ce nouveau voyage de découverte; on doit présumer aussi que l'humanité n'y fut pas tout-à-fait étrangère, et que l'un des mobiles de l'expédition put être de chercher à découvrir ce qu'étaient devenus le malheureux Hudson et ses compagnons. Quoi qu'il en soit, on résolut de suivre la même route qu'Hudson. En conséquence, arrivé à la hauteur du détroit, Button fit route à l'ouest, pour l'île Digges; il resta environ une semaine pour construire une pinasse qu'il avait apportée d'Angleterre en pièces. Il continua ensuite à naviguer à l'ouest, jusqu'à ce qu'il eût doublé la partie méridionale de la grande île qui, sur quelques cartes, est appelée île Southámpton, et à laquelle il donna le nom de *Carey's Swan's*

Nest. De là il continua à se diriger à l'ouest, et vit la côte du continent de l'Amérique, par 60° 40′ de latitude; il la nomma *Hopes Checked* (Espérances trompées). Une tempête furieuse obligea les deux vaisseaux d'entrer, le 15 août, dans l'embouchure d'une rivière, par 57° 10′ de latitude. Button l'appela rivière de Nelson, du nom du lieutenant de son vaisseau qu'il eut le malheur de perdre, et qui fut enterré dans cet endroit.

La saison était très-avancée. Button, voyant qu'il valait mieux passer l'hiver dans cet endroit que sous une latitude plus septentrionale, s'occupa d'abord de mettre les deux vaisseaux à l'abri du vent, de la marée, et des glaces flottantes dont il s'attendait à être entouré pendant l'hiver. La rigueur du froid fit périr plusieurs matelots; cependant la rivière ne fut entièrement prise que le 16 février 1613. Souvent le temps était assez doux; Button en profitait pour envoyer l'équipage à terre, et l'occuper à tuer du gibier. Les gelinottes étaient en si grand nombre, et on les abattait si facilement, que l'on en mangea au moins dix-huit cent douzaines.

Il cherchait aussi, en commandant sage et prudent, à occuper tout le monde, lorsque le froid obligeait de rester à bord du vaisseau, sachant bien que le meilleur moyen de prévenir les murmures, le mécontentement et les complots, était de ne laisser à personne le temps de réfléchir sur la position fâcheuse où l'on se trouvait. Il questionnait les officiers inférieurs sur la route que l'on avait parcourue, les engageait à comparer ensemble les observations que chacun d'eux avait faites sur les directions suivies dans le voyage, le cours des marées, les latitudes des endroits où l'on avait touché; il avait l'air de les consulter sur ce qu'ils jugeaient à propos de faire et sur la route à tenir quand le printemps viendrait. Par ce moyen, chacun, fier de se voir compté pour quelque chose, prenait intérêt à la continuation du voyage.

On a conservé, entre autres, la réponse de Josias Hubert, pilote de la *Résolution*, à cette question : Quel est le meilleur moyen de continuer le voyage avec succès, lorsque nous pourrons nous remettre en mer ? Elle prouve que cet homme avait des idées justes sur la véritable manière de chercher le passage. « C'est, dit-il, de nous diriger au nord le long de cette côte occidentale, jusqu'à ce que nous trouvions, s'il est possible, la marée qui arrive de l'ouest, puis faire route contre ce courant, en suivant le reflux et en cherchant le passage de ce côté. Quant à la marée d'est que nous avons eue, je pense qu'elle est causée par le remous de l'eau autour de quelque promontoire qui l'arrête au nord et par les entrées de rivières dans lesquelles la marée remonte. Si nous découvrons les promontoires, je suis convaincu que nous verrons que la marée vient de l'ouest. »

Le 21 avril, la rivière Nelson commença à se nettoyer des glaces, mais on ne quitta le mouillage que deux mois après. Alors on se dirigea au nord, en examinant avec soin la côte orientale de l'Amérique, conformément à l'idée d'Hubert, et on côtoya l'île Southampton jusqu'à 65°. Button retourna ensuite au sud, et appela *cap Southampton* l'extrémité de l'île de ce nom, à l'ouest de Carey's Swan's Nest, et, *cap Pembroke*, celle qui en est à l'est. Il rencontra des îles qu'il nomma *îles de Mancel*; ce sont les *îles de Mansfield* des cartes modernes. Puis il doubla le cap Chidley, et en seize jours il arriva en Angleterre, dans l'automne de 1613.

On ne conçoit pas les raisons qui purent faire tenir secrète la relation du voyage de Button, ou ne permirent d'en publier que des fragmens. Il aborda le premier sur la côte orientale de l'Amérique, dans l'ouest de la baie d'Hudson, et il y découvrit la rivière de Nelson, où la compagnie qui porte le nom de cette baie a, depuis long-temps, son principal établissement. Button était fortement pénétré de l'idée qu'il existait un passage au nord-ouest; il dit à Briggs, célèbre mathématicien, qu'il avait convaincu le roi Jacques de la justesse de cette opinion. Elle eut, à ce qu'il paraît, assez d'influence sur les armateurs anglais pour les engager à faire une nouvelle tentative l'année suivante.

CHAPITRE VI.

JACQUES HALL.

QUATRIÈME VOYAGE. 1612.

Opérations de Baffin pour déterminer la longitude en mer.—Hall est tué par un Sauvage.—Cause présumée de ce meurtre.—Retour en Angleterre.

La même année que Button partit d'Angleterre, Hall fit aussi un quatrième voyage, avec deux petits vaisseaux, appelés la *Patience*, et le *Hearts-Ease*. Cette expédition faite par une nouvelle compagnie d'armateurs de Londres, dont l'alderman Cockin paraît avoir été l'un des principaux associés, fut fatale au brave commandant. Le peu de détails que nous avons sur ce voyage paraissent avoir été écrits par Baffin; ils sont surtout remarquables, parce que c'est la première fois que, dans une relation authentique, on explique les moyens que l'on employait alors pour déterminer la longitude sur mer, par l'observation des corps célestes. La méthode mise en usage par Baffin prouve qu'il était très-versé dans la théorie ainsi que dans la pratique de la navigation.

Il détermina d'abord, par différentes observations du soleil, tant au-dessus qu'au-dessous du pôle, la longitude d'une île dans le détroit de Cockin : « Le 9 juin, dit-il, par une matinée superbe, je descendis sur l'île, et j'observai la lune jusqu'à ce qu'elle arrivât juste au méridien. En cet instant, j'observai la hauteur du soleil, et la trouvai de 8° 53′ nord, à l'élévation du pôle de 65° 20′. Ayant trois côtés donnés ; savoir : le complément de l'élévation du pôle, le complément de l'almicantarat, et le complément de la déclinaison du soleil, je procédai suivant les règles de la trigonométrie sphérique pour trouver la quantité de l'angle au pôle ; le résultat de cette opération me donna 4^h, 17′, 24″. Je vis alors, par mes éphémérides, que la lune passant ce jour-là au méridien de Londres, à 4ʰ 25′ 34″ du matin, les 17′ 24″ ôtées de 25° 34′ laissent 8° 10′ de temps, pour la différence de longitude entre le mériden de Londres et le méridien de cette partie du Groënland. Or le mouvement de la lune était ce jour-là de 12° 7′, qui, convertis en minutes de temps, faisaient 48′ 29″. Voici à présent l'opération telle que je la fis par la règle de proportion : Si 48′ 29″ (temps que la lune passa plutôt au méridien ce jour-là que le jour précédent) donnent 360 (circonférence entière de la terre), que donneront 8′ 10″ ?—Le résultat fut 60° 30′, ou à peu près, ce qui est la différence de longitude entre le méridien de Londres et cet endroit du Groënland, appelé le détroit de Cockin, qui est à l'ouest de Londres (1). »

Baffin convient que l'opération est un peu difficile et fatigante, et qu'elle est même sujette à erreur; cependant la con-

---

(1) Purchas, Vol. III.

naissance des lieux est si importante, qu'elle doit, dans son opinion, engager les marins à en faire de semblables; il ajoute même que plusieurs navigateurs sont en état de résoudre exactement ce problème et tous ceux du même genre.

Du détroit de Cockin, Hall se dirigea vers la rivière où devait être la mine supposée, expression qui donne lieu de présumer que l'objet du voyage était la recherche d'une mine et non du passage au nord-ouest. Le mauvais temps et le vent du nord forcèrent le vaisseau d'entrer dans le Ramels-Fiord; une quarantaine de Groënlandais vinrent sur la côte pour faire des échanges. Hall était dans la chaloupe, un sauvage lui tira une flèche qui lui perça le côté droit et pénétra jusqu'au foie. Cet acte d'hostilité, dirigé contre le capitaine seul, et qui ne fut suivi d'aucun autre, fit présumer que Hall avait été reconnu par les Groënlandais, qui se souvenaient de l'avoir vu quand il était venu sur un vaisseau danois, avait enlevé cinq de leurs compatriotes et en avait tué d'autres. Hall éprouva des douleurs très-vives pendant toute la journée, et mourut le lendemain matin.

Après avoir enterré leur capitaine, les Anglais firent route au nord et entrèrent dans la rivière de Cunningham; ils trouvèrent dans différens endroits des traces de fouilles faites par les Danois; lorsque l'espèce de pierre brillante, objet des recherches, eut été essayée par un orfèvre, on reconnut qu'elle n'était de nulle valeur; car elle ne contenait aucune particule de métal, elle ressemblait au verre de Moscovie. On alla ensuite dans le Ramelsfiord qui est par 67° de latitude. André Barker, le nouveau capitaine, un négociant nommé Wilkinson, et d'autres, tinrent alors une conférence pour décider si l'on retournerait en Angleterre, parce que les sauvages, depuis le meurtre de Hall, ne voulaient plus venir trafiquer avec les Anglais. En conséquence, on sortit de la baie le 10 août, et l'on arriva le 17 septembre à Hull (1).

(1) Purchas, Vol. III.

CHAPITRE VII.

GIBBONS. 1614.

Grandes espérances. — Elles sont entièrement déçues. — Retour en Angleterre.

Il paraît que la mort du prince Henri, protecteur de Button, arrivée pendant que ce dernier était occupé à son expédition, l'empêcha d'en entreprendre une seconde pour découvrir le passage, de l'existence duquel il était intimement convaincu. Son vaisseau, la *Découverte*, fut équipé de nouveau et approvisionné pour douze mois; on en donna le commandement à Gibbons qui avait suivi Button l'année précédente.

Les éloges prodigués par Button à ce marin qui, suivant son témoignage, allait de pair avec les plus habiles qu'il eût connus, avaient fait concevoir de grandes espérances de ce voyage; elles furent entièrement déçues. Gibbons n'avait pas encore pénétré fort avant dans le détroit d'Hudson, lorsqu'il se trouva assiégé par des glaçons énormes qui gênaient singulièrement les mouvemens du vaisseau. Le temps était d'ailleurs froid et brumeux. Ces motifs le décidèrent à retourner en Angleterre. On a prétendu qu'il n'était pas même entré dans le détroit, que le courant du sud et les glaces l'avaient entraîné le long de la côte du Labrador, et qu'il s'étoit réfugié dans une baie vers 57° de latitude, où il était resté près de cinq mois bloqué par la glace. L'équipage nomma, dit-on, cet endroit, par dérision, *Gibbons his hole* (le trou de Gibbons). Il parvint enfin à s'échapper de sa prison, mais non sans que son vaisseau eût souffert des dommages considérables, et prit aussitôt la route d'Angleterre. Il paraît que la baie dans laquelle il se trouva retenu est celle qu'on appelle aujourd'hui *Nain*, et à l'entrée de laquelle il y a un établissement de frères moraves.

CHAPITRE VIII.

ROBERT BYLOT. 1615.

Iles de glace d'une hauteur prodigieuse. — Découverte de plusieurs groupes d'îles.

Le mauvais succès du voyage de Gibbons ne découragea pas les armateurs ; ils équipèrent de nouveau la *Découverte*. Robert Byleth, ou Bylot, qui avait accompagné successivement Hudson, Button et Gibbons, fut nommé capitaine de l'expédition ; on lui donna pour lieutenant Guillaume Baffin, qui écrivit la relation du voyage. L'équipage était de quatorze hommes et deux mousses.

On quitta la Tamise le 16 avril ; on vit le Groënland à l'est du cap Farewell le 6 mai. On fit route à l'ouest jusqu'au 17, et on fut souvent arrêté par les glaces ; le 17, entre autres, on passa près de plusieurs grandes îles de glace; quelques-unes avaient plus de deux cents pieds de hauteur au-dessus de l'eau. « Je m'en convainquis bientôt après, dit Baffin, j'en vis une qui en avait deux cent quarante; et, s'il est vrai, comme l'affirment quelques personnes, qu'il n'y ait qu'une septième partie de la glace hors de l'eau, la hauteur de cette île de glace était de mille six cent quatre-vingt pieds depuis le haut jusqu'en bas (1). »

(1) Purchas, Vol. III. — Forster, dans l'extrait qu'il donne de ce passage de Fox, commet une erreur singulière, en disant que la masse en question devait avoir huit mille quatre cents pieds de hauteur au-dessus de l'eau; ce qui, ajoute-t-il, et il avait raison de le dire, est effectivement une hauteur prodigieuse. — *Voyages, etc., dans le nord*, p. 142. (*Note de l'auteur.*)

M. Barrow a raison de reprendre l'erreur de Forster; mais il aurait dû citer le passage entier, le lecteur aurait vu qu'elle provenait d'un oubli Voici ce passage : « Baffin vit une de ces masses qui « s'élevait de cent quarante brasses ou huit cent « quarante pieds au-dessus de l'eau », et là-dessus Forster observe, dans une note, que ce calcul, fondé sur l'assertion de Fox, est mal fait. « Cet au-

Le 27, on vit l'île de la *Résolution;* le 31, on aperçut les *îles de Button*, et, le lendemain, on alla mouiller de l'autre côté dans un bon port au nord-ouest de l'île de la Résolution, dont la longitude déterminée par l'observation fut de 66° 35′ à l'ouest de Londres; la variation de la boussole était de 24° 6′ ouest. On fit ensuite route au nord,

« teur, ajoute-t-il dans son Nord-Ouest, p. 137, dit
« que Baffin a vu la glace s'élever de cent quarante
« brasses au-dessus de l'eau. » Mais ceci est évidem-
« ment une erreur de Fox, qui a mal entendu la re-
« lation de Baffin, publiée par Purchas. Baffin dit
« expressément que la glace s'élevait de *deux cent*
« *quarante pieds* au-dessus de l'eau, et il conclut de
« là que la masse entière était de l'épaisseur de cent
« quarante brasses ou de seize cent quatre-vingts
« pieds. » — Cependant Forster, qui avait reconnu
l'erreur de Fox, la laisse dans son texte, et continue
ainsi : « Quelques personnes assurent qu'il n'y a ja-
« mais plus d'un septième de la glace au-dessus de
» l'eau; mais il paraît, selon M. de Mairan, dans
» son ouvrage sur la glace, p. 264, que la glace ne
« s'élève sur la surface de l'eau que d'une quator-
« zième partie de sa hauteur, ou, selon le docteur
» Irwing, dans ses remarques sur le voyage du ca-

et l'on vit dans la baie de Lumley un groupe d'îles que l'on nomma *Iles Sauvages*. Il est difficile de deviner pourquoi ; car on y rencontra des tentes, des canots et des chiens, mais on n'y vit pas d'hommes. Cependant, en gravissant un rocher, on découvrit en mer un grand canot dans lequel il y avait quatorze naturels. « Je trouvai dans une tente, dit Baffin, un petit sac qui contenait beaucoup de petites figures ; l'une représentait une femme avec un enfant sur son dos ; je les gardai toutes. » Les chiens, au nombre de trente-cinq à quarante, étaient presque tous muselés, de couleur noire mêlée, et ressemblaient beaucoup à des loups ; ils servaient à tirer les traîneaux sur la glace, on les y attelait avec des colliers.

« pitaine Phipps au Pôle Nord, seulement d'un
« quinzième sur l'eau de neige ; c'est pourquoi, sur
« l'eau de mer, il est très-probable qu'elle ne s'élève
« que d'un dixième ; ainsi, en multipliant huit cent
« quarante, hauteur au-dessus de la surface, non
» par sept, mais par dix, cette masse de glace avait
« huit mille quatre cents pieds, hauteur qui est cer-
« tainement prodigieuse. » (*Note du traducteur.*)

Le vaisseau fut souvent arrêté par la glace dans les passages étroits entre ces îles ; quelquefois elle les barrait entièrement. Baffin observe qu'il vit le soleil et la lune en même temps, phénomène qui n'est pas extraordinaire lorsqu'il fait beau ; il en profita pour déterminer la longitude. Il ajoute avec raison que « si des observations semblables avaient été faites à des endroits très-éloignés les uns des autres, tels que le cap de Bonne-Espérance, Bantam, le Japon, la Nouvelle-Albion, et le détroit de Magellan, on aurait certainement une géographie plus exacte que celle que l'on avait alors. »

La glace ouvrit enfin un passage au vaisseau. Les Anglais s'approchèrent de l'île de Salisbury, un peu au nord de laquelle était un groupe d'îles auxquelles ils donnèrent le nom d'*Iles Mill* (Iles à Moulin), à cause des masses de glace qui, en se froissant entre ces îles, semblaient se moudre l'une contre l'autre. L'île principale de ce groupe était sous 64° de latitude. Dans les canaux étroits formés par ces îles, les glaçons se dirigeant d'un côté, et le courant de l'autre ; le vaisseau était souvent dans le plus grand danger. « Mais Dieu, dit Baffin, qui est plus fort que glaces et que courans, nous préserva de tout mal, nous et nos vaisseaux. » Les Anglais continuèrent à avancer lentement vers le nord-ouest; et, observant que la marée venait du nord, ils conçurent de vives espérances de trouver un passage de ce côté ; aussi, le capitaine appela-t-il le cap ou promontoire *cap Comfort.* Leur espoir augmenta encore, en trouvant une profondeur de cent quarante brasses à moins d'une lieue de la côte; la latitude de ce cap est 65°, et la longitude 85° 20′ à l'ouest de Londres. « Mais cette espérance soudaine, ajoute Baffin, fut bientôt détruite »; car, après avoir doublé le cap, on remarqua que la terre se prolongeait au nord-est; plus on avançait vers le nord, plus l'eau était basse, et la mer encombrée de glaces. Aussi, après avoir atteint 65° 26′ de latitude, et 86° 10′ de longitude ouest, le capitaine conclut que l'on était dans une grande baie; puis il vira de bord, sans pousser plus loin les recherches.

Côtoyant donc la terre au sud, les Anglais virent beaucoup de morses, et appelèrent le cap qui était en face, *Sea - horse Point* (cap du Cheval marin). Ils doublèrent l'île de Nottingham, près de laquelle ils restèrent jusqu'au 27 juillet, observant le cours des marées, l'élévation de l'eau, etc.; et, prenant du lest, de là ils passèrent entre les îles de Salisbury et de Nottingham. Cependant le capitaine, chagrin d'abandonner si vîte la partie, retourna à Sea-horse Point; mais la position et la direction des terres ne donnèrent aucun espoir de trouver un passage de ce côté. Il fit donc de nouveau route au sud-est vers les îles de Digges, où l'on tua environ soixante-dix oiseaux de mer. Baffin remarque qu'ils auraient pu en abattre des milliers, car il y en avait dans ces îles des multitudes innombables. Le 5 août, on doubla l'île de la Résolution, et, le 7 septembre, on entra dans le port de Plymouth.

CHAPITRE IX.

ROBERT BYLOT et GUILLAUME BAFFIN.
1616.

Instructions données à ces navigateurs. — Leur départ de Gravesend. — Iles des Femmes. — Détails sur les naturels. — Baie de Baffin. — Diverses baies et détroits qu'on y découvre. — Insuffisance des détails contenus dans la relation de ce voyage.

Ce voyage fut le cinquième, entrepris avec la *Découverte*, pour trouver un passage au nord-ouest. Ce petit bâtiment, équipé de nouveau par les mêmes armateurs (1), eut encore Bylot pour capitaine, et Baffin pour pilote. Les instructions qui leur furent don-

(1) C'étaient sir Thomas Smith, sir Dudley Digges, John Wolstenholme, l'alderman Jones, et plusieurs autres.

nées ont le mérite d'être tout à la fois claires et concises.

Vous gagnerez avec toute la promptitude possible le *cap de la Désolation;* de là vous, G. Baffin, en qualité de pilote, vous suivrez la côte du Groënland, et vous remonterez le détroit de Davis, jusqu'à ce que vous arriviez à la hauteur de 80°, si la terre vous le permet. Alors, de crainte de vous trouver enfermé dans une baie, en suivant une direction trop septentrionale, faites route à l'ouest et au sud, autant que vous le jugerez convenable, jusqu'à ce que vous parveniez à 60° de latitude ; puis, dirigez votre route de manière à rencontrer la terre d'*Yedzo*, vers cette hauteur. Ce sera à vous à juger si vous devez naviguer plus loin au sud, suivant que la saison et les vents vous le permettront, quoique nous désirions, si votre voyage est assez heureux pour que vous ayez l'année devant vous, que vous alliez assez loin au sud pour toucher à la côte septentrionale du Japon; nous voudrions que, de cet endroit, ou d'Yedzo, vous pussiez ramener un des naturels du pays, si vous en trouvez le moyen, sans courir de danger; et, maintenant, Dieu vous conduise promptement au but de votre voyage, afin que vous soyez bientôt de retour en Angleterre. (1) »

Le 26 mars, la *Découverte*, ayant dix-sept hommes à bord, partit de Gravesend; mais les vents étant contraires, elle fut obligée de relâcher d'abord à Dartmouth, et ensuite à Plymouth. « Nous partîmes de Plymouth le 19 avril; et, après une traversée heureuse, la première terre que nous vîmes fut la côte du Groënland, dans le détroit de Davis, sous 65° 20′ de latitude. » On navigua sans obstacle au nord jusqu'à 70° 20′, et on mouilla dans une bonne baie, près de la *côte de Londres* de Davis. Les naturels s'enfuirent tous, laissant leurs chiens derrière eux. La hauteur des marées n'étant dans cet endroit que de huit à neuf pieds, inspira à Baffin quelque crainte de ne pas y trouver de passage.

Le 30 mai, les Anglais arrivèrent à *Hope*

(1) Purchas, Vol. III.

Sanderson, le point le plus septentrional où Davis fût parvenu, entre 72 et 73°; ils y furent arrêtés par des glaces. Le 1.ᵉʳ juin, ils parvinrent à s'en dégager. Le vent était contraire, ils mouillèrent auprès d'un groupe d'îles; mais, à la vue de leur vaisseau, les naturels s'enfuirent en abandonnant leurs tentes. Ils trouvèrent cependant plusieurs femmes qui s'étaient cachées parmi les rochers. Il y en avait de jeunes et de vieilles; l'une de ces dernières ne paraissait pas avoir moins de quatre-vingts ans. Ils appelèrent ce groupe d'îles les *îles des Femmes* (*Women's Islands*); la latitude de l'île la plus proche était 72° 45′; la marée s'élevait toujours assez peu et arrivait du sud. Baffin représente les habitans comme très-pauvres; ils se nourrissent de la chair du phoque qu'ils mangent crue, et se vêtissent de sa peau. Les femmes ont la figure marquée de raies noires. Ils semblent adorer le soleil qu'ils montrent constamment de la main en se croisant la poitrine et s'écriant en même temps *yliaout!* Les hommes et les chiens sont enterrés de la même manière; on les couvre indistinctement d'un monceau de pierres.

De là, les Anglais se dirigèrent au nord, entre la terre et la glace, en suivant, à ce qu'il paraît, un canal large de sept à huit lieues. Arrivés sous 64° 4′ de latitude, ils furent entourés par les glaces. Ils jetèrent l'ancre près de trois petites îles, où ils jugèrent que les habitans de la côte voisine venaient quelquefois. Ils essayèrent de faire route à l'ouest, mais la glace était trop solide pour leur permettre le passage; ils furent donc obligés d'aller attendre, près d'un groupe d'îles, par 73° 45′ de latitude, qu'elle se fondît; ce qui s'effectuait très-promptement, suivant ce qu'ils observèrent. Pendant leur séjour dans cet endroit, une quarantaine de sauvages vinrent dans leurs canots, échanger des peaux de phoque, des dents de morse, et des cornes de licorne, contre des petits morceaux de fer, des grains de verre, etc. Cet endroit reçut le nom de *Horn Sound* (baie des Cornes).

Le 18, voyant que la glace avait considérablement diminué, ils firent route au nord;

mais il tombait beaucoup de neige, et le temps était extrêmement froid. « Il gelait si fort, dit Baffin, que, le jour de la Saint-Jean, nos haubans, nos voiles et nos manœuvres furent gelés au point qu'on pouvait à peine les manier. » Le 1.er juillet étant alors par 75° 40′ de latitude, ils entrèrent dans une mer ouverte, « qui, dit Baffin, fit revivre l'espoir de trouver un passage. » Le 2, ils virent, par 76° 35′ de latitude, un cap ou promontoire qu'ils nommèrent *cap de sir Dudley Digges*, et, douze lieues plus loin, une belle baie au milieu de laquelle se trouvait une baie formée par une île avec une passe de chaque côté; ils l'appelèrent *baie de Wolstenholme*. Il paraît qu'elle renferme plusieurs petites anses, et que c'est un endroit très-convenable pour la pêche de la baleine.

Le 4, le temps étant très-orageux, ils se trouvèrent entraînés dans une grande baie, où ils virent tant de baleines qu'ils l'appelèrent *Whale Sound* (baie des baleines); elle est située par 77° 30′ de latitude. Une île entre deux grandes baies fut nommée *île d'Hakluyt*, et la baie qui était la dernière, *baie de sir Thomas Smith*. Elle se prolonge au nord de 78°, et est bien digne de remarque, sous un rapport; car, de toutes les parties du monde connu, c'est celle où la boussole offre la plus grande variation. « D'après plusieurs bonnes observations, je la trouvai, dit Baffin, de 56° à l'ouest. » Il nomma un groupe d'îles, *îles de Carey*; il ne donne pas leur position, « parce que, dit-il, la carte décrit exactement toutes ces îles et toutes ces baies. »

Favorisés par le vent, les Anglais suivirent, jusqu'au 10, la direction du sud-ouest, dans une mer ouverte; alors le temps devint calme et brumeux. Ils étaient près de la terre, à l'entrée d'une belle baie qu'ils nommèrent *baie de l'alderman Jones*. La chaloupe, envoyée à terre, revint bientôt à cause du mauvais temps. Ils ne virent aucune trace d'habitans, mais ils aperçurent un grand nombre de morses au milieu des glaces. En descendant vers l'ouest, ils découvrirent, le 12, par 74° 20′ de latitude, une grande baie qu'ils nommèrent *baie de sir James Lancaster*. « Ici, dit Baffin, notre espoir de trouver un passage commença à diminuer de jour en jour; car, depuis cette baie, en allant au sud, nous vîmes constamment une bordure de glace entre le rivage et nous, tandis que la mer était ouverte au large. Nous côtoyâmes cette glace jusqu'au 14. Dans l'après-midi, nous étions par 71° 16′ de latitude : nous aperçûmes distinctement la terre au sud de 70° 30′; alors, nous voyant entourés de glaces énormes, nous fûmes obligés de nous diriger davantage à l'est. » On parcourut soixante lieues dans cette direction, au milieu des glaces, et l'on ne put approcher de la terre que vers 68° de latitude. Ne pouvant alors y aborder à cause de la glace, on descendit jusqu'à 65° 40′. « Alors, dit Baffin, nous cessâmes de suivre la côte occidentale, parce que nous étions dans la baie des *îles de Cumberland*, et que nous ne pouvions plus conserver aucun espoir de trouver un passage. Voyant donc que nous avions terminé nos découvertes, et que l'année était trop avancée pour nous permettre d'aller au fond de la baie chercher des baleines, nous nous déterminâmes à faire route pour la côte du Groënland, afin d'y trouver quelques rafraîchissemens pour nos matelots. » Il paraît que la plupart des hommes de l'équipage étaient malades; il en mourut un : trois autres étaient couchés dans leurs hamacs, n'ayant plus qu'un souffle de vie. Les Anglais mouillèrent dans le *détroit de Cockin*, par 65° 45′ de latitude. Ils y trouvèrent, sur une petite île, une grande quantité de cochléaria qu'ils firent bouillir dans de la bière; ils en mêlèrent aussi avec de l'oseille et une espèce de chicorée, herbes très-abondantes dans ce lieu, et ils en firent de très-bonnes salades. Au bout de huit ou dix jours, tous les malades étaient parfaitement rétablis. Les Groënlandais leur donnèrent aussi des saumons. Baffin dit que, « dans cette baie, il y avait de si grands bancs de saumons, allant et revenant sans cesse, que c'était vraiment admirable. »

Les Anglais en partirent le 6 août; le 25 du même mois, ils aperçurent la côte de l'Irlande, et entrèrent, le 30, dans le port de Douvres: « Pour ce bienfait, ainsi que pour toutes ses autres bontés, dit Baffin, le Seigneur a toute notre reconnaissance. »

Ce voyage, qui aurait dû être et qui peut encore être regardé comme le plus intéressant et le plus important qui ait jamais été entrepris, soit avant, soit depuis cette époque, est au contraire celui dont la relation est la plus vague et la moins satisfaisante; elle ne ressemble aucunement aux autres journaux de Baffin; dans ceux-ci, non seulement il indique exactement les longitudes et les latitudes, mais il retrace les observations des corps célestes et les opérations arithmétiques dont il les a déduites. Il donne la variation et la déclinaison de l'aiguille magnétique, les différentes routes suivies par le vaisseau, enfin une foule de détails, tous parfaitement classés; mais la relation de ce voyage si important, dans lequel il annonce qu'il est allé à plusieurs degrés de latitude plus au nord qu'aucun autre navigateur, et qu'il a suivi la côte et les îles de l'Amérique, le long desquelles il aurait dû trouver le passage, s'il en existe, n'offre ni route, ni distance, ni variations de la boussole indiquées, à l'exception d'une seule, et pas une seule longitude. Tous les renseignemens susceptibles d'être utiles sont si vagues et si incertains, que chaque géographe, qui depuis a composé des cartes, a placé *la baie de Baffin* dans la position que son imagination lui traçait.

On serait presque tenté de croire que Baffin ne voulait pas faire de découvertes dans ce voyage; car on voit que, n'étant encore qu'à 70.° 20′ de latitude, point au-delà duquel Davis était allé, il conçut quelque crainte de ne pas y trouver de passage; l'espèce d'indifférence avec laquelle il traverse un grand nombre de baies sous une latitude très-élevée et l'extrême concision qu'il met dans leur description sont vraiment choquantes. Mais peut-être, si l'on en juge du moins d'après le grand nombre de baleines dont il dit que ces parages étaient remplis, ces baies étaient-elles simplement des ouvertures entre des montagnes de glaces, ou bien des canaux formés par divers archipels ? Baffin sent si bien le reproche qu'on peut lui adresser à cet égard, que dans sa lettre à Wolstenholme il dit : « On peut me faire une objection et me demander pourquoi nous n'avons pas mieux examiné cette côte ? » Et il allègue pour excuse le mauvais temps, la perte des ancres, la faiblesse de l'équipage et la saison avancée.

Cependant, si le journal de Baffin est maigre et insuffisant, et si une carte qui l'accompagnait a été supprimée, c'est, jusqu'à un certain point, Purchas qu'il faut en accuser; car cet auteur a dit dans une note marginale : « La gravure de cette carte de Baffin pour ce voyage et pour le précédent, ainsi que celle des tables de son journal et de sa navigation, auraient exigé trop de peines et trop de dépenses. (1). Baffin s'éloigna de la côte de l'Amérique pour retourner à l'est, dans l'endroit même où il y a le plus d'espoir de trouver un passage; mais comme les renseignemens qui auraient pu le guider n'ont été fournis que bien long-temps après lui par Cook, Hearne et Mackenzie, on ne peut lui faire un reproche de n'avoir pas agi comme il eût fait sans doute s'il les eût connus.

(1) Purchas, Vol. III. — « Purchas, dit Dal-

rymple, est inexcusable de n'avoir pas publié la carte originale et le journal de Baffin, qu'il avait en sa possession; il ne peut s'excuser sur l'état peu avancé de l'art de la gravure, puisque cette carte précieuse ne méritait pas plus d'échapper à l'oubli que les méchantes esquisses de Hondius, qu'il nous a conservées. » — *Mémoires sur une carte des terres qui entourent le pôle arctique.*

CHAPITRE X.

Différens voyages au nord, dans les latitudes élevées,

Depuis 1603 jusqu'en 1615.

Voyages d'Étienne Bennet. — Détails sur l'île Cherry. — Grande quantité de morses. — Prise de possession de l'île Cherry. — Voyages de Jonas Poole. — Troupeaux de rennes. — Premier voyage entrepris pour la pêche de la baleine. — Jonas Poole s'avance jusqu'au 82.ᵉ degré. — Autres voyages de Baffin.

Les différens voyages entrepris dans les mers arctiques, pour découvrir un passage aux Indes, jetèrent non seulement les fondemens d'un commerce étendu et avantageux avec la Russie, mais furent encore l'origine de l'établissement régulier des pêcheries de Terre-Neuve, du détroit de Davis et du Spitzberg. Dès l'année 1603, François Cherie équipa le navire la *Grâce*, de cinquante tonneaux, dont il donna le commandement à Etienne Bennet, avec l'ordre d'aller d'abord à Cola pour vendre sa cargaison, y prendre en échange telles autres marchandises qu'il pourrait trouver en Laponie, et ensuite faire quelque découverte. Bennet quitta la rivière de Cola le 6 août, dans le dessein d'aller jusqu'à 80° de latitude, si rien ne l'en empêchait. Le 17 août, il découvrit une île sur laquelle il aborda ; il n'y trouva que deux renards, l'un blanc et l'autre noir, un morceau de plomb, et une partie d'une dent de morse. Comme l'année était trop avancée pour aller plus au nord, il fit route à l'ouest, en restant sous le même parallèle, jusqu'à ce qu'il pût faire une observation par laquelle il détermina la latitude de l'île à 74° 30′. Quoique cette île eût été découverte plusieurs années auparavant par Barentz, qui l'avait nommé l'*île de l'Ours* (*Beeren Eyland*), Bennet l'appela alors *île de Cherry,* nom qu'elle a conservé depuis.

L'année suivante, Bennet entreprit le même voyage sur le *God Speed,* de soixante tonneaux, appartenant à Thomas Welden. Il quitta Wardhuus le 6 juillet. Le 8, il découvrit l'île de Cherry; et, en allant à terre, il trouva tant d'oiseaux, que les rochers en étaient entièrement couverts; et, lorsqu'ils s'envolaient, l'air en était obscurci comme par un nuage; quand il revint à bord, un morse énorme, élevant le mufle au-dessus de l'eau, poussa un mugissement si terrible que les Anglais crurent que la chaloupe allait couler bas. Dans une autre partie de l'île, ils virent une multitude de ces monstres marins, entassés l'un sur l'autre comme des pourceaux. Ils tirèrent sur eux, mais inutilement, jusqu'à ce que leurs mousquets fussent hors de service et que leur poudre fût entièrement épuisée. Alors ils prirent le parti de crever à ces animaux un de leurs yeux, en tirant avec du petit plomb; et, s'approchant du côté où ils les avaient aveuglés, ils leur coupaient la tête avec la hache du charpentier. Ils ne purent néanmoins en tuer plus de quinze. Ils remplirent un muids des dents qu'ils trouvèrent éparses dans l'île, et qui provenaient sans doute de ceux qui étaient morts de vieillesse ou avaient été dévorés par des ours. Ils ne virent que des oiseaux et des renards. Dans l'intérieur de l'île, le rivage était couvert d'une grande quantité de bois, surtout de sapin, qui y avait été déposée par les eaux. Ils trouvèrent là plus de mille morses. Après en avoir tué une quarantaine, ils retournèrent à Cola; et, partant pour l'Angleterre, ils arrivèrent dans la Tamise le 15 octobre 1604.

L'année suivante, Welden, propriétaire du navire, fit avec Bennet un autre voyage à l'île de Cherry; l'équipage, devenu plus adroit, tua un grand nombre de morses, prit leurs dents, et fit de l'huile avec leur graisse. On découvrit aussi une mine de plomb, et on en rapporta environ trente livres.

En 1606, Bennet repartit sur le même bâtiment, accompagné d'une pinasse de vingt tonneaux. Il aborda dans l'île le 3 juillet;

mais la glace ne s'étant pas encore détachée du rivage, les morses n'y étaient pas arrivés. Le 13, la glace commença à se fondre, et les morses grimpèrent sur l'île. Un détachement bien armé alla à terre; en moins de six heures il en tua sept à huit cents, ce qui prouve que l'habileté à détruire ces animaux allait toujours croissant. Le 26, on avait porté à bord vingt-deux tonneaux d'huile et trois muids remplis de dents; on avait tué de plus deux ours énormes. On quitta l'île le 29 juillet, et le 15 août on arriva dans la Tamise.

En 1608, Welden s'embarqua encore sur son navire pour la Laponie, et ensuite pour l'île de Cherry. Il y arriva le 18 juin, tua deux ours sur le rivage, et vit une grande quantité de morses. Les 21 et 22, le temps fut calme et clair, et aussi chaud qu'il est ordinairement à cette époque en Angleterre; car le goudron coulait le long des côtés du navire, et bouillonnait, sur la partie des mâts exposée à l'ardeur du soleil, comme s'il eût été mis sur le feu.

Au fond d'une anse, sur la côte méridionale de l'île, l'équipage tua de neuf cents à mille morses en moins de sept heures; le 9, il y avait à bord trente-un tonneaux d'huile, un muids, un baril et un tierçon de muids de dents de morses. Un second bâtiment, appelé le *Dragon*, se trouvait aussi dans cet endroit.

Welden transporta à bord deux couples de jeunes morses, l'un mâle et l'autre femelle; la femelle mourut pendant la traversée, mais le mâle arriva sain et sauf en Angleterre et fut porté à la cour; le roi et beaucoup de personnages de distinction le contemplèrent avec admiration, car c'était le premier qui eût jamais été apporté vivant en Angleterre. Peu de temps après, il tomba malade et mourut. La docilité de cet animal n'est pas moins extraordinaire que sa forme; on l'apprivoise très-facilement (1).

Dans un autre voyage fait à cette île, en 1609, on en prit possession formelle au nom de la compagnie de Moscovie; on y tua une quantité incroyable d'ours et de

(1) Purchas, Vol. III.

renards, et on découvrit de bonne houille et trois mines de plomb sur *l'île aux Goëlands* (*Gull Island*). Quatre autres bâtimens étaient mouillés dans la même anse que le *God Speed;* tous y furent entourés par des glaces flottanttes, et manquèrent d'y être brisés.

Après avoir fait prendre ainsi possession en son nom de l'île de Cherry, la compagnie de Moscovie équipa, en 1610, l'*Amitié*, de soixante-dix tonneaux, pour continuer les découvertes vers le pôle arctique, soit pour établir un commerce, soit pour trouver un passage de ce côté. Jonas Poole, qui avait fait tous les voyages précédens, fut nommé capitaine de cette expédition. Il doubla le cap Nord le 2 mai, après beaucoup de tempêtes, de neige, de froid et de gelées rigoureuses. Il détermina la latitude de l'île de Cherry le 6, mais il ne put en approcher, à cause des masses de glaces qui venaient souvent frapper son vaisseau. Il continua sa route au nord, et, le 16 mars, eut connaissance, par 76° 50′, d'une terre qui était vraisemblablement une partie du Spitzberg.

La chaloupe fut envoyée à terre; l'équipage y trouva un bois de renne, ce qui lui fit nommer la baie où il avait débarqué, *Horn's Sound* (la *baie de la Corne*) : la terre qu'il vit à environ quatre lieues au sud de la baie, fut appelée *Muscovy Mount* (le *Mont de Moscovie*).

Quittant cette partie de la côte, Poole se dirigea d'abord à l'ouest, ensuite au nord; et, par 77° 25′ de latitude, il trouva, le 17 mai, le temps très-chaud et beaucoup plus doux qu'au cap Nord à la même époque de l'année. Cependant, le 19, il ajoute: « Il y a ici tant de brouillard, de vent, de froid, de neige et de gelée, que je crois que tous ces météores luttent à qui l'emportera. » Le brouillard était si épais et dura si long-temps, que Poole se plaint de n'avoir pu voir le soleil au méridien pendant cinq jours, et nulle part pendant soixante heures, quoiqu'il fût constamment au-dessus de l'horizon. Sous le 78° 37′, il nomma le promontoire d'une petite île *Fair Foreland* (le Beau Promontoire). « On peut, dit-il, avec une assurance singulière, trouver un passage de ce côté, en passant sous le pôle, aussi promptement que par aucune autre route inconnue que ce soit ; car le soleil donne beaucoup de chaleur dans ce climat, et la glace qui se forme ici n'est pas, à beaucoup près, aussi épaisse que celle que j'ai vue par 73°. »

Il tua, sur une petite île, un grand nombre de rennes, et donna à la baie le nom de *Deer sound;* ensuite il tua plusieurs ours, et une grande quantité de morses. « Le dixième jour, ajoute-t-il, j'allai à terre, et je tuai cinq rennes; ce qui, avec ceux que nous avions tués auparavant, augmenta beaucoup nos provisions. Béni soit le Créateur du monde qui n'en a fait aucune partie en vain, mais qui a tout disposé de manière que, dans ces parages où nos ancêtres croyaient qu'il était impossible de voyager, parce qu'ils supposaient qu'il y faisait un froid excessif, l'air est tempéré à terre; je n'y éprouve pas de si grands froids que j'ai ressentis à l'île de Cherry, dans cinq voyages différens. De plus, j'ai vu dans cette terre de grands troupeaux de rennes qui n'ont ni bois ni forêts pour se mettre à l'abri du froid perçant de l'hiver, ni de gras pâturages pour ranimer leurs forces. Si donc, me dis-je, n'ayant rien que les rochers pour asile, et pour toit que la voûte azurée, ils vivent ici, pourquoi l'homme n'y vivrait-il pas, lui à qui Dieu a départi tant d'avantages, dont il peut s'aider partout, pour entretenir sa santé et fournir à ses besoins (1) ? »

La latitude la plus élevée qu'il atteignit dans ce voyage fut 79° 50′, parallèle sous lequel était située une partie de terre à laquelle Poole donna le nom de *Gurnerd's Nose* (le Nez de Gurnerd). Elle conduisait à *Fair Haven;* il y vit aussi plusieurs rennes qu'il tua. Ces animaux, ainsi que la plupart de ceux qu'il avait tués auparavant, étaient superbes, et avaient sur le corps une couche de graisse épaisse de deux à trois pouces. Dans le *Deer sound*, il trouva du charbon de terre qui brûlait très-bien. Vers la fin de juillet, il fit route au sud, dans l'intention de mouiller à l'île de Cherry; mais la glace

(2) Journal de Jonas Poole, dans Purchas, V. III.

qui entourait la côte était si épaisse qu'il y renonça; et, se dirigeant vers l'Angleterre, il arriva à Londres le dernier jour d'août.

Le but de ce voyage, comme le prouvent les instructions données à Poole, était non seulement de prendre une ou deux baleines par forme d'essai et de tuer des morses, mais aussi de faire des découvertes dans le nord. Voici la teneur de cet acte: « Puisqu'il a plu au Dieu tout-puissant, par l'activité et la persévérance et de vous et d'autres navigateurs, de découvrir à notre nation une terre située par 80° vers le pôle arctique, nous désirons pousser plus loin les découvertes au nord, le long de ladite terre, pour savoir si c'est une île ou un continent, et dans quelle direction elle s'étend, soit à l'est ou à l'ouest du pôle, et aussi si elle est habitée par aucun peuple, ou s'il y a au nord une mer ouverte plus loin qu'on n'a encore poussé les découvertes. Tels sont nos désirs, et c'est pour les remplir que nous avons fait choix de vous, et que nous vous avons pris à notre service pour un certain nombre d'années, à un salaire assuré; ne doutant pas que vous ne vous acquittiez de l'expédition qui vous est confiée, à la gloire de Dieu, à l'avantage de notre patrie, à votre honneur et à notre satisfaction, etc. »

Poole paraît avoir été un serviteur fidèle et un marin habile et expérimenté. Purchas raconte, d'après un ouï-dire, qu'après ce voyage, Poole avait été lâchement assassiné entre Ratcliffe et Londres (1). Cependant, après l'avoir ainsi tué gratuitement, il donne plus loin la relation de deux voyages entrepris ensuite et écrits par Poole lui-même.

La même compagnie équipa, l'année suivante, un grand navire de cent cinquante tonneaux, dont Etienne Bennet fut nommé capitaine, et Thomas Edge facteur; il était armé pour la pêche de la baleine. Ce voyage paraît être le premier qui ait été entrepris expressément pour cet objet, car on rapporte que les Anglais furent obligés de prendre six hommes de *Saint-Jean-de-Luz*, accoutumés à cette pêche. Poole accompagna ce vaisseau comme capitaine de l'*Elisabeth*,

---

(1) *Voyez* Purchas, Tom. III.

avec deux autres bâtimens, dont l'un devait aller à Saint-Nicolas ou Arkhangel, et l'autre à la Nouvelle-Zemble. Pendant que les autres bâtimens étaient occupés à la pêche, Poole fit route au nord jusqu'à 80°, près du Spitzberg. Il traversa alors la mer jusqu'à la côte orientale du Groënland, près du Sanderson's *Hold with Hope;* il dit qu'il fit environ quarante lieues à l'ouest de la partie la plus orientale de la terre, telle qu'elle était alors marquée sur ses cartes. Il repassa ensuite à l'île de Cherry, et alla de nouveau au Spitzberg, où il trouva à terre une partie de l'équipage du grand bâtiment qui avait échoué au milieu des glaces. Les naufragés furent ensuite reçus à bord d'un vaisseau de Hull qui les transporta en Angleterre.

L'année suivante, 1612, la même compagnie de négocians équipa deux vaisseaux, la *Baleine* (*the Whale*), et le *Cheval-Marin* (*Sea-Horse*); elle en donna le commandement à Poole. En arrivant à l'île de Cherry, il y trouva un vaisseau hollandais dont le pilote était un Anglais, nommé Alain Salowes. Ce n'était pas le premier bâtiment de cette nation qui eût fait la pêche de la baleine. L'année précédente, le capitaine Jean Mayen avait découvert, au nord de l'Islande, vers 71° de latitude, une île qui porte encore son nom, et qui, pendant plusieurs années, fut le rendez-vous des bâtimens hollandais allant à la pêche; mais leurs visites fréquentes et la graisse qu'ils faisaient bouillir sur le rivage, finirent par effrayer et éloigner les baleines ainsi que les morses. La glace a, depuis cette époque, permis rarement d'en approcher. De l'île de Cherry, Poole fit route vers le Spitzberg; et, lorsqu'il était dans *Foul Sound* (la baie mauvaise), Salowes vint à bord lui dire que son négociant hollandais s'était cassé le cou en descendant un rocher. Poole y rencontra aussi Thomas Marmaduke, de Hull, qui montait l'*Hoppewell*, et qui quitta bientôt ces parages pour aller au nord. « Ce vaisseau, dit Poole, comme nous l'apprîmes ensuite, parvint jusqu'à 82°, par conséquent au-delà du promontoire d'Hakluyt. » C'est le point le plus élevé en latitude, auquel aucun vaisseau eût encore atteint, à moins que nous n'ajoutions foi à la relation que les jésuites du Japon prétendent avoir reçue d'Adams.

Ce voyage pique surtout la curiosité, parce qu'il montre les progrès rapides que, grâces au secours des Biscayens, les Anglais avaient faits dans l'art de la pêche de la baleine. Le navire de Pool n'en emporta pas moins de treize. Un bâtiment de Londres, un autre de Hull, et un Biscayen, ayant un pilote anglais à bord, en emportèrent aussi une grande quantité.

En 1613, la compagnie envoya six vaisseaux et une pinasse pour faire la pêche sur la côte du Groënland (le Spitzberg). Le célèbre Baffin s'embarqua sur un de ces bâtimens. Le renom de la pêche de la baleine s'était répandu avec tant de rapidité parmi les nations maritimes de l'Europe, qu'il n'y avait pas moins de huit navires espagnols, deux hollandais, et quatre de Dunkerque, indépendamment de plusieurs Biscayens, rassemblés cette année dans la mer du Spitzberg. Un des navires biscayens était de sept cents tonneaux, et d'autres de deux à trois cents. « Nous nous attendions, dit Baffin, à être obligés d'en venir aux mains avec les premiers, mais ils se soumirent au général. » Les Anglais ayant pris possession de tout le pays au nom de leur roi, empêchèrent tous les autres bâtimens de faire la pêche, et les renvoyèrent, à l'exception de ceux à qui ils voulurent bien accorder la permission de rester.

Dans ce voyage la réfraction extraordinaire de l'atmosphère fixa l'attention de Baffin qui en parle pour la première fois. Il observa souvent une différence considérable dans la latitude du même endroit, déduite de la hauteur du soleil, suivant que cet astre était au-dessus ou au-dessous du pôle. Il s'efforça donc de déterminer la quantité de cette réfraction, en observant le soleil lorsqu'il était au méridien au-dessous du pôle, et qu'un cinquième de son disque seulement paraissait au-dessus de l'horizon. Le résultat lui donna 26′; mais, remarque cet habile navigateur, je suppose que la réfraction est plus ou moins grande suivant que l'atmosphère est claire ou chargée de vapeurs, supposition dont j'abandonne la discussion aux personnes plus instruites. »

Le 6 septembre, tous les navires arrivèrent dans la Tamise avec une bonne cargaison d'huiles et de fanons de baleine.

Le succès du dernier voyage engagea la compagnie à envoyer, en 1614, dix navires et deux pinasses, indépendamment de la *Thomassine* qui était destinée à poursuivre le cours des découvertes sous le commandement de Robert Fotherby. Baffin était aussi sur ce bâtiment; mais la relation du voyage a été donnée par Fotherby; elle ne contient rien de remarquable. La *Thomassine*, sans cesse arrêtée par les glaces, n'alla guère au-delà de l'extrémité nord-est du Spitzberg.

En 1615, Baffin fut envoyé de nouveau sur la pinasse le *Richard*, de vingt tonneaux, pour faire des découvertes dans le nord, mais il n'alla pas au-delà de la pointe d'Hakluyt. Il dit cependant qu'il a marqué sur une carte jusqu'à quel point l'état de cette mer est connu entre 80 et 71° de latitude; et, quant à la probabilité d'un passage par le pôle, il ajoute : « Puisqu'il n'y a jusqu'à présent rien qui puisse empêcher de croire qu'il existe une mer spacieuse entre le Groënland et la *Nouvelle-Terre du roi Jacques* (le Spitzberg), quoiqu'elle doive être fort encombrée de glaces, je me garderai bien de dissuader l'honorable compagnie de hasarder, tous les ans, de 150 à 200 livres sterling au plus, jusqu'à ce qu'on ait poussé plus loin la découverte desdites mers et des terres adjacentes. » Il pense que cet objet peut très-bien être rempli par la petite pinasse avec dix hommes d'équipages. La pêche de la baleine fut très-avantageuse aux Anglais, pendant plusieurs années après ce voyage ; mais enfin les Hollandais leur enlevèrent entièrement cette branche lucrative de commerce.

FIN DU PREMIER VOLUME.

TABLE

DES CHAPITRES

CONTENUS DANS CE VOLUME.

PREMIÈRE PARTIE.

CHAPITRE I.er

ANCIENS SCANDINAVES.

Pages.

Navigation des anciens Scandinaves. — Découverte de l'Islande.—Découverte du Groënland.—Voyage d'Heriolf. — Colonies établies dans le Groënland. — Leur état florissant au commencement du quinzième siècle.—Incertitude sur ce qu'est devenue la colonie établie sur la côte orientale. 1

CHAPITRE II.

NICOLO et ANTONIO ZENO. 1381.

Arrivée de Nicolo Zeno en Frislande.—Zichmni,

roi de ce pays.—Ses conquêtes.—Il découvre différentes terres. — Honneurs rendus à Nicolo. — Son frère Antonio va le joindre.— Mort de Nicolo.—Preuves nouvellement acquises de l'existence d'une ancienne colonie européenne dans l'île de Terre-Neuve. 19

CHAPITRE III.

CHRISTOPHE COLOMB. 1467.

Incertitudes des causes qui lui firent entreprendre un voyage dans les mers du nord.— Réfutation des motifs sur lesquels quelques géographes s'appuient pour lui contester l'honneur de la découverte de l'Amérique. 37

CHAPITRE IV.

JEAN et SÉBASTIEN CABOT. 1495.

Départ d'Angleterre sous le règne d'Henri VII. —Découverte de l'île de Terre-Neuve.—Sébastien Cabot se rend en Espagne. — Il est rappelé en Angleterre. — Honneurs qu'il y reçoit. 46

CHAPITRE V.

LES CORTEREAL. 1500.

Voyage de Juan Vaz Costa Cortereal à Terre-

Neuve, puis au Groënland. — Détails de ce voyage. — Découverte du Labrador et du Canada. — Etymologie du nom de ce dernier pays. — Découverte prétendue du détroit d'Anian par Gaspard Cortereal. — Fâcheuse issue de son voyage et de celui de Michel Cortereal son frère. — Origine du nom de Cortereal. 54

DEUXIÈME PARTIE.

Découvertes faites dans le nord pendant le seizième siècle. 71

CHAPITRE I.er

AUBERT et JACQUES CARTIER. 1508 et 1534.

Voyage à Terre-Neuve. — Jacques Cartier découvre le golfe et le fleuve de Saint-Laurent. — Voyage de Roberval et du marquis de la Roche. *Ibid.*

CHAPITRE II.

ESTEVAN GOMEZ. 1524.

Pénurie de renseignemens sur ce voyage. — Plaisante équivoque. — Craintes que conçoivent les Espagnols qu'on ne découvre un passage. — Expéditions de Cortez et de Cabrillo. 76

CHAPITRE III.

le DOMINUS VOBISCUM. 1527.

Nouveaux efforts de l'Angleterre pour découvrir un passage.—Défaut de renseignemens sur ce voyage. 82

CHAPITRE IV.

la TRINITÉ et le MIGNON. 1536.

Voyage à Terre-Neuve. — Détails curieux sur ce pays. — Famine à bord du bâtiment. — Repas de chair humaine. — Pillage d'un navire français.—Retour en Angleterre. — Justice rendue par Henri VIII aux Français qui avaient été pillés. 86

CHAPITRE V.

Sir HUGH WILLOUGHBY. 1553.

Départ de sir Hugh Willoughby avec neuf bâtimens. — Navires doublés en plomb.—L'équipage de deux de ces bâtimens est retrouvé gelé en Laponie un an après le départ. — Détails sur sir Hugh Willoughby. —Aventures de Richard Chancelor sur un autre bâtiment de cette escadre. — Il se rend par terre en Moscovie. — Lettre que lui donne le czar pour le roi d'Angleterre. 94

(348.)

Pages.

CHAPITRE VI.

RICHARD CHANCELOR ET ÉTIENNE BUROUGH. 1555 et 1556.

Voyage en Moscovie. — Arrivée à la Nouvelle-Zemble.—Ile de Waigatz. — Idoles des Samoïèdes.—Le czar envoie des ambassadeurs à Londres. — Naufrage de tous les vaisseaux.—L'ambassadeur se sauve presque seul. 105

CHAPITRE VII.

MARTIN FROBISHER.

§. I.er

PREMIER VOYAGE. 1576.

Prétendue découverte d'un passage au nord-ouest par Urdanieta. — Autre par Martin Chacque. — Départ de Frobisher avec deux petits bâtimens.—Découverte du détroit qui porte son nom.—Entrevue avec les naturels.—Espérances de mines d'or. 112

§. II.

SECOND VOYAGE. 1577.

Montagnes de glace. — Découverte de différentes îles. — Commerce avec les naturels.—

Singulier moyen de guérir une blessure faite par une arme à feu. — Cargaison de pierres de mines d'or. 123

§. III.

TROISIÈME VOYAGE. 1578.

Voyage entrepris pour fonder une colonie. — Un des bâtimens est coulé à fond par une montagne de glace.—Impossibilité d'établir la colonie.—Détails sur Frobisher. 132

CHAPITRE VIII.

ÉDOUARD FENTON. 1577.

Double but de ce voyage. — Fenton coule à fond le vice-amiral espagnol.—Sa mort. 140

CHAPITRE IX.

ARTHUR PET et CHARLES JACKMAN. 1580.

Arrivée au détroit de Waigatz.—Les glaces les déterminent à revenir.—Inexpérience de ces navigateurs. 143

CHAPITRE X.

SIR HUMPHREY GILBERT. 1583.

Concession qui lui est faite par la reine Elisabeth. — Arrivée à Terre-Neuve. — Prise de possession de cette île. — Naufrage d'un de ses bâtimens. — On l'engage à quitter celui sur lequel il se trouve. — Il s'y refuse. — Son navire coule à fond. — Détails sur sir Humphrey Gilbert. 146

CHAPITRE XI.

JOHN DAVIS.

§. Ier.

PREMIER VOYAGE. 1585.

But du voyage. — Découverte de la baie de Gilbert. — Communication avec les naturels. — Retour en Angleterre. 154

§. II.

SECOND VOYAGE. 1586.

Arrivée en Groënland. — Détails sur les naturels du pays. — Immenses quantités de glaces. — Un des bâtimens de Davis l'abandonne. — Espoir de trouver le passage. — Départ pour l'Angleterre. 160

§. III.

TROISIÈME VOYAGE. 1587.

Découverte de quelques îles. — Détroit de Cumberland. — Résumé des trois voyages par Davis.—Détails sur ce navigateur. 165

CHAPITRE XII.

MALDONADO. 1588.

Voyage apocryphe. — Manière dont il a été connu du public. 183

CHAPITRE XIII.

JUAN DE FUCA. 1592.

Il pense avoir découvert le passage. — Raisons pour croire à la vérité de ce voyage. 190

CHAPITRE XIV.

CORNECIS CORNELISSEN, GUILLAUME BARENTZ ou BARENTSEN, et BRANDT YSBRANTZ.

§. I.er

PREMIER VOYAGE. 1594.

Arrivée au détroit de Waigatz. — On trouve une mer ouverte.—On croit avoir découvert le passage.— Description du morse.— Retour en Hollande. 199

Pages.

§. II.

GUILLAUME BARENTZ.

SECOND VOYAGE. 1595.

Préparatifs immenses pour ce voyage. — Départ tardif de l'expédition. — Ours monstrueux. — Retour en Hollande.   208

§. III.

GUILLAUME BARENTZ.

TROISIÈME VOYAGE. 1596.

Parélie. — Oies sauvages. — Nouvelle-Zemble. — Le bâtiment se trouve engagé dans les glaces. — Débarquement. — Souffrances des Hollandais pendant l'hiver. — Départ au printemps sur une chaloupe découverte. — Mort de Barentz.   214

CHAPITRE XV.

WILLIAM ADAMS. 1596.

Histoire de ce pilote. — Il sert en Hollande. — Aborde au Japon. — Est obligé d'y rester.   232

Pages.
TROISIÈME PARTIE.

Voyages de découvertes dans les régions septentrionales pendant le dix-septième siècle.   240

CHAPITRE I.ᵉʳ

GEORGE WEYMOUTH. 1602.

Départ de Radcliffe. — Arrivée au milieu des glaces. — Insurrection de l'équipage. — Fermeté du capitaine. — Peu de succès de ce voyage.   *Ibid.*

CHAPITRE II.

JACQUES HALL.

§. I.ᵉʳ

PREMIER VOYAGE. 1605.

Tentatives des Danois pour découvrir le passage. — Départ de trois bâtimens. — L'équipage de l'un d'eux se révolte et retourne en Danemark. — Combats contre les naturels du Groënland. — Détails sur ce peuple. — Retour en Danemark.   248

§. II.

SECOND ET TROISIÈME VOYAGES.

1606 et 1607.

Départ de cinq bâtimens d'Elseneur.— Arrivée au Groënland. — Véritable motif de cette expédition. — Elle échoue. — Détails sur les naturels.—Le troisième voyage ne réussit pas mieux. 254

CHAPITRE III.

JOHN KNIGHT. 1606.

Dommages causés aux navires par les glaces. —Le capitaine débarque avec trois hommes. —Ils ne reparaissent plus.— Attaque par les naturels.—Retour en Angleterre. 260

CHAPITRE IV.

HENRY HUDSON.

§. Ier

PREMIER VOYAGE. 1607.

Tentative pour trouver un passage par le pôle. —Approche des côtes orientales du Groënland. — Glaces, bois flottans, phoques. — Retour faute de vivres. 264

Pages.

§. II.

SECOND VOYAGE. 1608.

Autre tentative par le nord-ouest. — Syrène aperçue par l'équipage. — Sa description. — Nouvelle-Zemble. . 271

§. III.

TROISIÈME VOYAGE. 1609.

But de ce voyage incertain.—Découverte de la rivière d'Hudson. 275

§. IV.

QUATRIÈME VOYAGE. 1610.

Recherche d'un passage au nord-ouest. — Découverte de la baie d'Hudson. — Le vaisseau est entouré par les glaces.—Détresse à bord. — Conspiration contre Hudson. — Il est abandonné dans une chaloupe avec son fils et sept personnes. — Famine sur le bâtiment.— Le chef des séditieux et deux autres sont tués par des sauvages. — Retour en Angleterre.—Les conspirateurs ne sont pas punis. 278

CHAPITRE V.

SIR THOMAS BUTTON. 1612.

Défaut de renseignemens sur ce voyage.—Détails qui en furent publiés. — Sage politique du capitaine. — Découverte de la rivière de Nelson. 291

CHAPITRE VI.

JACQUES HALL.

QUATRIÈME VOYAGE. 1612.

Opérations de Baffin pour déterminer la longitude en mer. — Hall est tué par un sauvage. —Cause présumée de ce meurtre. — Retour en Angleterre 299

CHAPITRE VII.

GIBBONS. 1614.

Grandes espérances. — Elles sont entièrement déçues.—Retour en Angleterre. 304

CHAPITRE VIII.

ROBERT BYLOT. 1615.

Iles de glaces d'une hauteur prodigieuse. — Découverte de plusieurs groupes d'îles. 306

CHAPITRE IX.

ROBERT BYLOT et GUILLAUME BAFFIN. 1616.

Instructions données à ces navigateurs.—Leur

départ de Gravesend. — Iles des Femmes. — Détails sur les naturels. — Baie de Baffin.— Diverses baies et détroits qu'on y découvre. —Insuffisance des détails contenus dans la relation de ce voyage.   313

CHAPITRE X.

Différens voyages au nord, dans les latitudes élevées, depuis 1603 jusqu'en 1615.

Voyage d'Etienne Bennet.—Détails sur l'île de Cherry.—Grande quantité de morses.—Prise de possession de l'île Cherry. — Voyage de Jonas Poole.—Troupeaux de rennes.—Premier voyage entrepris pour la pêche de la baleine.—Jonas Poole s'avance jusqu'au 82.° degré.—Autres voyages de Baffin.   326

FIN DE LA TABLE.

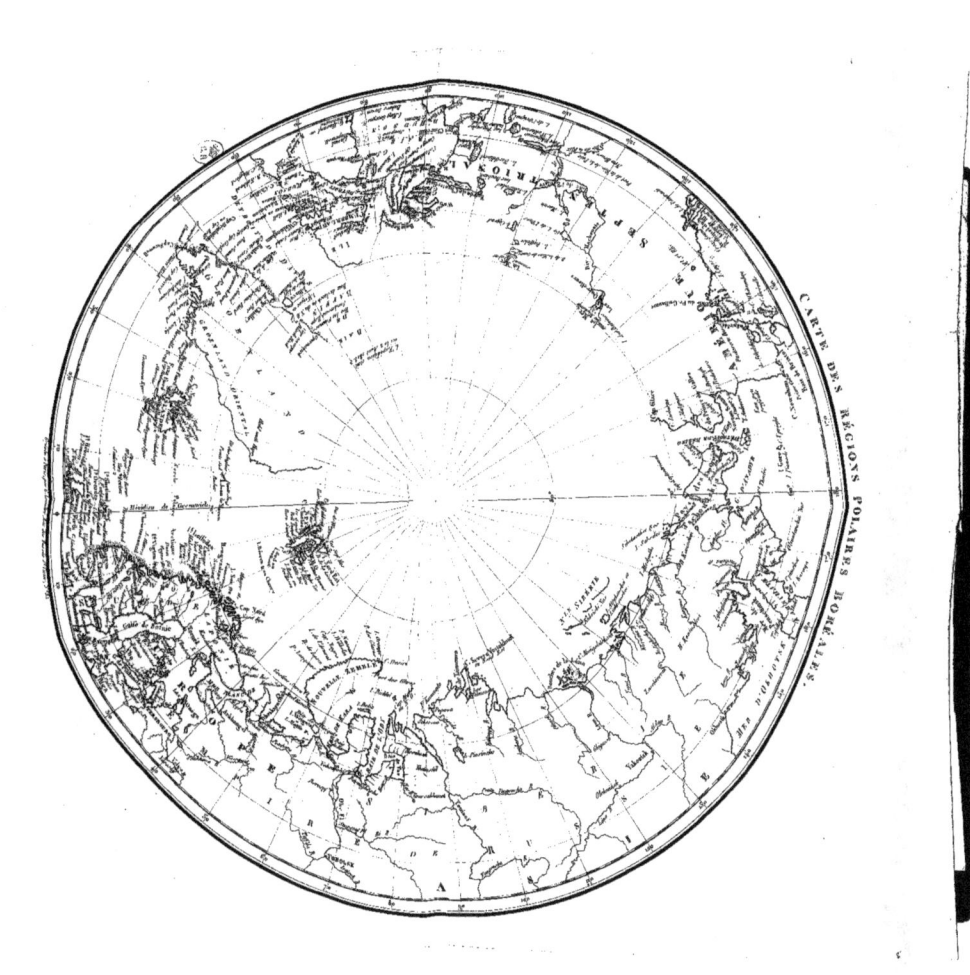

www.ingramcontent.com/pod-product-compliance
Lightning Source LLC
Chambersburg PA
CBHW050545170426
43201CB00011B/1566